Cahiers libres

Rozenn Le Berre

De rêves et de papiers

547 jours avec les mineurs isolés étrangers

La Découverte
9 *bis*, rue Abel-Hovelacque
75013 Paris

L'auteure, pour ce livre, a reçu le soutien
de « Brouillon d'un rêve » de la Scam
et du dispositif « La culture avec la copie privée ».

Scam* la culture avec la copie privée

Si vous désirez être tenu régulièrement informé de nos parutions, il vous suffit de vous abonner gratuitement à notre lettre d'information par courriel, à partir de notre site

www.editionsladecouverte.fr,

où vous retrouverez l'ensemble de notre catalogue.

ISBN 978-2-7071-9348-3

— Alors c'est avec eux que tu travailles ? Ceux-là parlent pas breton, si ?
— Non, là ce sont des Syriens, donc ils parlent arabe.
— Ah d'accord.
— Ils fuient parce que c'est la guerre en Syrie.
— Ah la guerre… On a eu ça nous aussi, ici. C'est malheureux, la guerre. J'espère que ça va s'arrêter là-bas.

Des mots de ma grand-mère Marie-Thé, parmi les derniers qu'elle m'a donnés, des mots échappés du bazar que la vieillesse avait créé dans son esprit.

Avertissement

Les histoires relatées ici sont authentiques. Elles sont arrivées et continuent d'arriver tous les jours en France. Elles prennent place dans un bureau où sont accueillis les jeunes qui se présentent comme mineur isolé étranger, un statut garantissant la scolarisation, l'hébergement et surtout le droit de rester en France. Dans ce bureau, ils doivent convaincre qu'ils ont moins de dix-huit ans et qu'ils sont en France sans leurs parents. S'ils y parviennent, ils sont reconnus mineurs isolés étrangers et pris en charge par les conseils départementaux, *via* l'Aide sociale à l'enfance. Sinon, ils deviennent sans-papiers. J'ai travaillé durant dix-huit mois avec ces jeunes.

L'histoire de Souley, elle, est librement inspirée de celles de plusieurs jeunes que j'ai rencontrés dans ce bureau et à l'extérieur, après la fin de mon contrat.

Pour préserver l'anonymat des personnes, les prénoms ainsi que quelques détails ont été modifiés.

En 2016, selon les données du ministère de la Justice, 8 054 jeunes ont été déclarés mineurs isolés étrangers.

I

Rêves

Comme des petits cailloux gelés

Google Traduction

« Je implore toi s'il vous plaît dormir couloir. » Mirjet est fatigué. Il me demande de lui trouver un hébergement. Mais toutes les chambres sont prises. Tant qu'il n'est pas reconnu mineur, je ne peux rien pour lui. Ces mots, il ne me les dit pas. Il les écrit en albanais sur l'ordinateur et c'est Google Traduction qui me les dit. C'est plutôt marrant d'habitude, les traductions déformées par le logiciel. Là, ce n'est pas drôle du tout.

« Je implore toi s'il vous plaît dormir couloir. » L'écran reste blanc, rude, impassible. Je lui en veux d'oser m'écrire de tels mots sans trembler. La tristesse, la fatigue et la colère s'unissent pour former des larmes au fond des yeux bleus de Mirjet. Quand il claque la porte du bureau en sortant, résigné, j'ai l'impression d'être aussi exténuée que lui. Et, comme souvent, je me demande ce qui m'a pris d'accepter ce travail.

Mannequin

Trois petits coups résonnent sur la porte tout juste claquée par Mirjet. Il est 14 heures, nous avons rendez-vous avec une jeune fille. Mathilde, dix-sept ans, le sourire timide et le regard un peu fuyant. De jolis cheveux au garde-à-vous sur le sommet de son crâne, une petite douleur au fond des yeux. Une fossette creusée dans sa joue, l'air de rien, comme la marque finale de l'artiste qui a créé ce visage de poupée.

Fragile, Mathilde. Pourtant, personne n'a pris soin d'elle. Son cousin l'a brisée, le jour où il a perforé son corps d'enfant. Mathilde avait douze ans. Ce n'est pas un âge pour sentir une vie gonfler dans son ventre. Son corps trop petit s'est déchiré. Quelque part à Brazzaville, une enfant a donné naissance à un enfant. Le bébé a grandi, sans savoir que sa mère n'avait que douze ans de plus que lui, et il a pris petit à petit les traits de son père. Les voisins ont commencé à parler. Les langues accusatrices se sont déliées. Et si le cousin de Mathilde était aussi le père de l'enfant ? Cet homme a menacé le bébé. Il devra disparaître, sinon il le tuera. Mathilde a placé son bébé dans un bus, donné l'adresse d'une tante à un des passagers, en espérant qu'il y emmène le petit. Puis le cousin de Mathilde l'a éloignée de sa vie. Il a payé un passeur pour envoyer la petite en Europe.

Voilà comment Mathilde se retrouve devant moi à me raconter cette histoire, son histoire, avec ses cheveux au garde-à-vous, sa fossette creusée et son sourire timide. Je pose une question obligatoire et prie pour que la réponse soit oui.

— Est-ce que le passeur a été gentil avec toi ?

— Non. Lui aussi il m'a forcée à coucher avec lui.

Le corps de Mathilde n'est plus à elle. Objet d'échange, il a été baladé par des ordures qui l'ont détruit à chaque fois un peu plus. Pourtant, elle se sent responsable de tout.

— Je ne sais pas si tu vas me croire, mais je veux que tu saches que les coupables ce sont eux, ce n'est pas toi.

— J'ai honte de moi. Je me demande pourquoi ma mère m'a pas prise avec elle quand elle est morte.

Dix-sept ans, ce n'est pas un âge pour avoir envie de mourir.

J'ai du mal à mener l'entretien jusqu'au bout. J'essaie de trouver des mots qui n'aient pas la forme de couteaux. Je ne voudrais pas la blesser encore plus.

On approche de la fin. Les paroles de Mathilde ont tissé un gros nœud au fond de mon ventre. Enfin, je peux poser une question banale, innocente.

— Et qu'est-ce que tu veux faire comme métier, plus tard ?

— J'aimerais bien être mannequin, mais j'ai trop de cicatrices.

— On s'en fiche, Mathilde. Tu seras une très jolie mannequin.

Je prends une grande bouffée d'air en sortant du bureau. Je me place sous le soleil, avec l'envie que mes pensées s'évaporent de la même manière que les flaques déposées au sol par l'averse de la veille. Que les mots de Mathilde arrêtent de résonner dans mes oreilles et s'échappent vite, loin, longtemps.

Pour repêcher un peu d'espoir, j'essaie de me convaincre que tout va aller mieux pour Mathilde désormais. Elle a un bon dossier : des papiers d'identité corrects, une histoire qui tient la route, un visage d'adolescente. Le département a de grandes chances de croire à sa minorité et son isolement, et donc de lui donner une réponse positive à la réception du rapport que nous lui transmettrons. Elle sera reconnue mineure isolée étrangère et sera placée en foyer pour soigner son corps et ses fantômes. C'est sûr, tout va aller mieux pour Mathilde désormais. Elle me fait d'ailleurs penser à Fatoumata, une jeune fille passée par notre service quelques mois plus tôt.

Flashy

C'était il y a quelques semaines, je visitais un foyer d'accueil pour mineurs isolés étrangers. Soit un des endroits où les jeunes habitent après être passés par nos services. J'étais curieuse de revoir tous ces visages. De voir où ils en étaient, quelques mois après leur arrivée en Europe. J'étais dans la bonne rue, je cherchais l'adresse exacte. Une jeune fille avec une coupe afro est accourue dans ma direction à coup de sourires et de grands « Hé ! ». Jamais vu cette fille. Je me suis retournée pour chercher à voir qui elle saluait derrière moi. Personne. Elle est arrivée à ma hauteur, essoufflée :

— Bah madame, vous me reconnaissez pas ?

— Non... Désolée.

— Je suis Fatoumata !

— C'est pas vrai ? ! Je t'avais pas reconnue !

Et pour cause. La dernière fois que j'avais vu Fatoumata, elle était mangée par la tristesse. Des hommes avaient enfoncé leur sexe dans son corps. Depuis, elle ne s'alimentait presque pas et avait un vide dans les yeux, une sorte de non-expression permanente.

Et là, j'avais en face de moi une ado souriante et pimpante qui rayonnait dans un haut flashy à vous exploser la rétine. Ses cheveux dansaient gaiement à dix centimètres au-dessus de sa tête. Elle m'a prise par le bras et m'a entraînée au foyer en sautillant.

Je sais que cette façade éclatante cache bien des douleurs. Je sais qu'elles sont encore là, creusant des galeries dans le ventre de Fatoumata. On ne se remet pas en quelques mois d'un enfer. Mais quand même.

— Qu'est-ce que t'es belle, Fatoumata !

Neige

Un bruit violent envahit l'atmosphère du bureau. Jules et moi tournons machinalement la tête vers la fenêtre. Il grêle.

— C'est ça, « neige » ?

— Ah non, pas encore. Ce n'est pas de la neige, mais de la grêle. La neige est molle, alors que la grêle, c'est comme des petits cailloux gelés.

Un sourire discret lui fend le visage. Jules, congolais, père et mère pasteurs. Il tend les deux mains et plie légèrement les genoux quand on lui donne quelque chose. Il est très poli. Beaucoup plus que je ne l'ai jamais été, même dans les grands jours d'amour pour l'être humain ou à la rentrée de CP dans la classe de madame Allain. Quand Jules toque à la porte, il attend qu'on l'autorise à entrer, entre, attend qu'on l'autorise à s'asseoir, s'assoit. Puis :

— Je voudrais vous demander quelque chose.

— Oui, je t'écoute.

— Est-ce que vous pourriez m'expliquer les comportements européens, s'il vous plaît ?

— ...

— ...

— Euh, c'est-à-dire ? Je veux bien tenter de te répondre mais j'ai besoin de savoir ce que tu veux connaître. Qu'est-ce qui te pose question par exemple ?

— Non non, c'est juste que je voulais savoir si je me comportais bien. Comme mes parents m'ont toujours appris à être poli, j'essaie. Mais ici je ne sais pas très bien comment il faut faire.

— Ne t'inquiète pas, tu te comportes très bien.

— Merci.

Rassuré, Jules demande s'il peut se lever, se lève, demande s'il peut sortir, sort. Il ouvre la porte sur Augusto qui s'apprêtait à frapper.

Football

Augusto est arrivé il y a quelques jours, complètement perdu. Comme de nombreux Angolais, il a voyagé en avion jusqu'en France. Il nous a expliqué avoir été abandonné par son passeur à l'arrivée. Aujourd'hui, nous avons rendez-vous avec lui pour qu'il nous explique ce qu'il s'est passé exactement.

C'est un petit traité de commerce très lucratif que nous découvrons. Augusto nous raconte son histoire, et à travers elle il y a une autre histoire, celle de son passeur, celle de ses méthodes cyniques pour gagner de l'argent. Pas mal d'argent d'ailleurs. Il faut commencer par trouver un bambin dont les jambes savent danser avec un ballon de football. On lui fait miroiter l'Europe. On convainc la famille. On construit un rêve de gloire et d'euros qu'on place habilement dans l'esprit du gosse, dans un petit coin juste entre l'envie et l'espoir. On promet à la famille le jackpot qui arrivera tous les mois dans les coffres magiques de Western Union.

La famille investit. Elle vend une maison, un terrain, des vaches ou la petite sœur en mariage. Elle paie le passeur pour envoyer le jeune prodige en Europe. Le petit va nous manquer, mais c'est bien pour lui. Du sable de Luanda au gazon du PSG, ça sent Hollywood à plein nez.

Mais la vie ce n'est pas comme dans les films. Dans la vraie vie, les passeurs prennent l'argent des familles, envoient le gosse en Europe. Et l'abandonnent. Parfois sur un terrain de football dans une banlieue miteuse, pour pousser la perversion jusqu'au bout.

Augusto est un de ces jeunes abusés par les passeurs. Il nous raconte comment sa famille s'est sacrifiée pour lui. Il nous dit que son manteau, donné par le passeur, porte le blason du club de football où il devait jouer. Il nous le montre, s'agrippe à lui. On regarde de plus près. Ce n'est pas un blason, c'est une banale marque de vêtement. On le dit à Augusto :

— Je crois qu'il t'a menti.

Pour comprendre ce qu'est la désillusion, il faut regarder le visage d'Augusto à cet instant précis. Il y a dans ses yeux un immeuble qui s'écroule. Ou une chute sans fin dans un trou noir.

Augusto fouille dans son sac et en sort un cadre mauve contenant une photo. Une femme en robe courte, cheveux lissés, maquillée, regarde l'objectif en souriant.

— C'est ma mère. C'est pour elle que je dois réussir. Je lui dois tout.

Il regarde la photo longuement. Le temps qu'un nouvel immeuble s'écroule dans ses yeux. Il quitte le bureau en traînant ses espoirs déçus dans son sac à dos, à côté de la photo de sa mère.

Jean-Jacques

— Tu as de la chance, ce soir nous avons une chambre libre. Tiens, c'est ta clef. Je vais te montrer la chambre.

Sayeed n'en revient pas. Ses mains tremblent trop pour lui permettre de glisser la clef dans la serrure. À moins que ce ne soit à cause de sa vision rendue liquide par les larmes qui se répandent vivement dans ses yeux. Sa bouche détrempée se gondole pour laisser échapper quelques mots, presque des murmures :

— *Thank you, thank you.*

Au vu de la réaction de son corps à l'annonce de cette bonne nouvelle, je crois que Sayeed avait vraiment besoin de dormir au chaud ce soir. Tant mieux.

Le soulagement de Sayeed recouvre un peu la détresse d'Augusto. C'est tous les jours la même chose, ici. Il y a de grandes détresses. Il y a de grands soulagements. Parfois, la balance est équilibrée, et je peux rentrer chez moi sans faire tituber mon moral comme un ivrogne. Parfois, elle penche plus d'un côté ou de l'autre. Les jours sans, j'ai envie de jeter mon bureau par la fenêtre. Les jours avec, je rentre en chantant du Jean-Jacques Goldman, faux et fort dans la rue. J'ai toujours aimé Jean-Jacques Goldman.

La traversée du désert

Souley ne sent plus passer le sang dans sa jambe droite, écrasée sous le poids d'un Camerounais bien plus lourd que lui. Mais il ne se plaint pas et force son visage à camoufler les traits de la douleur. Il a obtenu une place au milieu du plateau arrière du pick-up, ce n'est pas si mal. Il est plus en sécurité que ceux qui sont juste au bord. Ceux-là se tiennent comme ils peuvent à des bâtons coincés à la verticale sur le rebord du plateau. Ils savent qu'ils ne doivent ni s'endormir ni s'évanouir. Ils savent que les chauffeurs ne s'arrêtent pas toujours. Chavirer par-dessus le plateau peut donc signifier mourir ici, en plein désert.

Le véhicule est conduit par trois hommes qui se relaient au volant. Vingt-sept passagers sont entassés à l'arrière. Leurs yeux, encadrés du chèche enroulé autour de leur tête, sont fouettés par le sable arraché au sol par les roues du véhicule. Leurs corps semblent se mélanger entre eux. Les vingt-sept têtes dodelinent toutes ensemble, émergeant d'une masse compacte de bras, de jambes, d'épaules, de bagages et de tissus. Chacun possède son propre bidon d'eau, serré contre le corps ou accroché à la ceinture. La contenance est de cinq litres. Il faudra arriver au bout avant l'épuisement du bidon.

Jamais Souley n'aurait imaginé le Sahara aussi vaste. Il a beau regarder de tous les côtés, contorsionnant son cou sous l'aisselle puante et humide du Camerounais, il ne voit rien. Du sable et des pierres, partout. Parfois un petit monticule de sable, long d'environ deux mètres. Ou un bâton, planté dans le sol. Ici, à cet endroit du vide, quelqu'un s'est dissous dans le désert. Ses yeux se sont figés avant d'avoir pu apercevoir l'Europe. Des compagnons de galère l'ont enterré comme ils pouvaient. Ce chanceux a au moins une sépulture. D'autres, ceux qui ont basculé dans le vide, se dessèchent doucement sous l'action impitoyable du soleil.

Chacune de ces apparitions brutales de la mort provoque une brûlure dans le ventre de Souley. Il sent peser sur lui le regard inhabité de ces hommes. Ces cadavres enfouis l'avertissent. Ils le préviennent de ce qui peut arriver, ils le jugent pour son impertinence d'être parti à l'aventure. Peut-être même qu'ils se moquent gentiment de sa naïveté, lui qui croit pouvoir arriver vivant en Europe.

Quand la voiture surchargée s'arrête, personne ne bouge. Les corps sont imbriqués entre eux comme les pièces d'un jeu de Tetris. Impossible de s'extirper du véhicule sans coordination générale. L'un des trois conducteurs ouvre sa portière et se dirige vers les passagers, offrant à Souley la possibilité de croiser son regard pour la première fois. Ses yeux très clairs sont emprisonnés dans une mer de rides qui serpentent de son front à son menton, au gré des vallons formés par les sourcils touffus, l'arête abrupte de son nez, les rebonds flasques de sa lèvre supérieure et le sillon profond d'une cicatrice encastrée entre la mâchoire et le cou. On dirait bien une marque de couteau. Ce n'est pas étonnant. Cet homme a dans son regard l'éclat particulier de ceux qui savent enfoncer des lames dans les chairs sans trembler. Son chèche de couleur sable lui enveloppe le visage, offrant un écho esthétique à la teinte pâle de ses yeux. Sa voix est étonnamment calme :

— Nous sommes devant un barrage. Deux règles ici : ne pas regarder dans les yeux et obéir.

Le cœur de Souley accélère sa course dans sa poitrine et ses mains s'humidifient. Il ne comprend pas ce qu'il se passe mais il sait déjà que cet arrêt en plein désert n'augure rien de bon. Ceux qui sont déjà passés par là adoptent une attitude résignée. Ils baissent le regard dans un long soupir. Ils savent déjà. Les autres, les nouveaux, ceux qui ne savent pas, ont les pupilles dilatées et la respiration saccadée. Souley oriente sa tête vers ses genoux tout en essayant de relever ses paupières discrètement, par à-coups. La peur se propage dans son ventre à une vitesse folle.

Quand il pose le pied sur le sol, la décharge d'adrénaline qui sillonne son corps rend instantanément ses jambes liquides. Puis tout s'enchaîne. En quelques secondes, Souley se retrouve à genoux, les mains sur la tête, bientôt aligné avec tous les autres passagers de la voiture. Les paupières de Souley sont comme folles, il ne parvient pas à fixer son regard. Puis il tente de se calmer. Il faut qu'il réussisse à capter quelques images pour comprendre, pour essayer de savoir où il se trouve et tenter d'échapper à ses angoisses. Il y a deux immenses fûts, installés de part et d'autre de la piste. Entre les deux fûts, un filin tendu. Voilà donc le barrage. Autour du barrage, une dizaine d'hommes. Tous portent un immense chèche qui dissimule les traits de leurs visages pour ne laisser émerger que leurs regards. Des regards d'adolescents ou de très jeunes adultes devenus fous sous l'action de la drogue. Leurs fines mains paraissent presque fragiles sur le manche épais des kalachnikovs. On dirait des enfants qui jouent à la guerre.

— Ici vous êtes chez nous.

Le jeune homme qui s'exprime tourne autour des vingt-sept hommes agenouillés en s'amusant parfois à pointer son arme sur l'un d'eux, avant de l'orienter vers le ciel en riant.

— Bienvenue dans un nouveau monde.

Le jeune homme et ses partenaires ont l'air tranquilles, presque apaisés, si ce n'était leurs doigts qui ne cessent de caresser la gâchette de leur arme.

— Voici comment tout cela va se passer, chers amis. Ceux qui ont un document d'identité me donneront 10 000 francs CFA. Ceux qui n'en ont pas, 20 000 francs. Pour ceux qui n'ont pas d'argent, je vous conseille d'en trouver. Je vous laisse un petit moment, et quand je reviens je veux l'argent.

Souley éprouve un léger soulagement quand il apprend le montant à payer, tout en se demandant comment il est possible d'éprouver un sentiment de soulagement quand on est à genoux dans le désert, entouré d'hommes armés. Mais il est soulagé car il a un document d'identité. Pour lui ce sera donc 10 000 francs. Et il a cet argent.

Entre les genoux de son voisin de droite, des larmes silencieuses ricochent sur le sable. Souley comprend immédiatement. La plainte de son voisin est parfaitement muette mais sa peur hurle aux oreilles de Souley.

Souley détache la boucle de sa ceinture, ouvre la fente qu'il a taillée au cutter dans la partie intérieure de cette ceinture, et en sort quatre billets de 5 000 francs. Il en place deux dans chacune de ses mains et referme ses poings. Il déroule son bras droit vers son voisin et desserre son poing, laissant apparaître les deux billets froissés.

Son voisin s'appelle Abdoulaye. Souley et lui ont longuement discuté les jours précédant le départ du convoi pour la traversée du désert. Leurs familles sont originaires de la même région, au nord-est de Kayes, au Mali. Souley ne peut pas laisser les larmes d'Abdoulaye mouiller le sable sans réagir.

Abdoulaye se saisit immédiatement des billets, comme s'ils allaient se consumer dans le désert. Il tourne sa tête vers Souley, très légèrement, pour ne pas se faire voir, mais suffisamment pour pouvoir croiser son regard, et le remercie en bambara.

Souley, Abdoulaye et tous les autres restent agenouillés pendant de longues minutes, peut-être même que ces minutes deviennent des heures. Difficile de savoir, tant le temps s'est arrêté au même moment que la voiture devant le barrage. Le cœur de Souley se calme peu à peu. Il reprend ses esprits. Mais à chaque nouvelle ronde des hommes qui les maintiennent prisonniers, il bascule dans un gouffre tissé par la peur et la chaleur. Il ne sait plus où il est et le sang propulsé dans ses veines pulvérise ses tempes.

— Donnez-moi l'argent maintenant.

L'homme s'approche de chacun des hommes agenouillés, un sourire sadique lui ouvrant le visage. Quand Souley frôle sa main en lui tendant les billets, un frisson le parcourt. L'homme passe à sa hauteur, puis à celle d'Abdoulaye, sans s'y arrêter franchement.

Il s'arrête en revanche devant l'homme agenouillé trois rangs plus loin. Celui-là n'a pas d'argent. Il est traîné quelques mètres en avant, de sorte que tout le monde puisse le voir. Il est allongé sur le dos et tente de se recroqueviller. Un autre homme arrive pour lui ouvrir les bras et les maintenir bloqués au sol. Un violent coup, asséné par la crosse de la kalachnikov, lui frappe le ventre. Il hurle. Les coups suivants sont des coups de pied. Ils sont nombreux. Les cris deviennent des plaintes. L'homme est secoué de spasmes qui le feraient vomir si son estomac n'était pas aussi vide que le désert.

Quand tout le monde se réinstalle dans le pick-up, la teneur du silence est différente. Ces vingt-sept hommes partagent désormais une histoire. Ils savent qu'ils sont, tous ensemble, embarqués dans une aventure qui façonnera les contours de ce qu'ils sont. Personne n'ose regarder celui qui a reçu les coups. Lorsque la voiture démarre, Souley et Abdoulaye se tiennent la main un instant et échangent un regard qu'eux seuls comprennent.

Seuls les trois conducteurs paraissent parfaitement inébranlés. Ce barrage était un arrêt de routine.

Le silence de plusieurs heures qui suit l'épisode du barrage est rompu par l'un des chauffeurs :

— On va passer la nuit ici.

Souley se demande si l'homme a choisi cet endroit délibérément ou s'il s'est arrêté au hasard, répondant aux signaux émis par sa fatigue et le soleil qui va bientôt entrer en collision avec la ligne d'horizon. Il n'y a rien dans cet endroit, pas plus que dans la dizaine de kilomètres alentour, au nord, à l'est, au sud et à l'ouest. Souley se sent minuscule. Debout face à cet immense écran de vide, il regarde le soleil s'enfoncer dans le sable. Les mouvements de la boule orangée sont visibles à l'œil nu. Elle disparaît progressivement, comme une chute au ralenti. Souley ouvre discrètement la fente intérieure de sa ceinture, et vérifie pour la énième fois que son acte de naissance s'y trouve. Ce petit papier plié, entouré par un morceau de sac plastique retenu par un élastique, est la chose la plus importante qu'il possède. Sans ce papier, les Blancs ne voudront pas le croire quand il dira qu'il a seize ans.

Souley se retourne, offrant son dos au soleil couchant. Il regarde maintenant vers l'est, vers La Mecque. À défaut d'eau, il fait ses ablutions dans le sable, creusant profondément à la recherche d'un peu d'humidité. Lentement, il nettoie son visage, ses avant-bras, ses pieds. Il se lève. Les derniers tentacules du soleil caressent son dos mais l'air frais lui empoigne déjà le visage, noyé dans l'ombre. Il clôt ses paupières et, au milieu du désert, fait résonner entre ses lèvres la musique de la prière *Al Maghrib*, la quatrième de la journée, celle qui accompagne traditionnellement le coucher du soleil.

Sa prière terminée, il s'installe avec un petit groupe de Maliens qui discutent en bambara.

— Au désert il y a une technique pour tromper ton corps.

L'homme saisit un sac plastique rempli de quelque chose qui ressemble à de la farine.

— Cette poudre, c'est la nourriture du désert. C'est une sorte de farine. Tu la mélanges avec de l'eau. Ça gonfle.

— Et ça sert à quoi ? dit une voix.

— Quand tu manges ça, ton estomac croit que tu n'as plus faim car ça gonfle dans ton corps. C'est un mensonge que tu te fais à toi-même, mais ça permet de tenir un peu plus. De toute façon, si vous voulez arriver vivants au bout de cette aventure, il va falloir vous mentir beaucoup à vous-mêmes. Aux autres aussi. Vous apprendrez rapidement.

Celui qui parle vient du quartier Kalaban Kouro, à Bamako. Les cicatrices sur ses joues dansent au rythme saccadé de ses paroles. Il a déjà « fait l'aventure », une fois. Tout le monde le respecte. Personne ne lui demande pourquoi il a échoué la première fois. Ça ne se fait pas.

Souley mélange la poudre avec l'eau dans un fond de bouteille et porte la cuillère à sa bouche. Sa langue s'écrase sur son palais pour faire glisser l'étrange mélange dans son estomac. Il ne sait pas trop s'il est en train de boire ou de manger. Ça n'a aucun goût, mais la sensation de faim s'atténue légèrement.

La nuit qui surgit est glaciale. Les membres de Souley tentent de s'enfouir sous le sable pour s'y réchauffer, comme des animaux surpris par l'hiver arrivé trop vite. Cette nuit est suivie par une journée torride, étouffante, où chaque aspiration vous brûle la gorge et les poumons. On attend la nuit comme le messie, on se dit qu'il n'y a rien de pire que le chaud. La nuit arrive et instantanément vous gèle. Les membres glacés tremblent, sursaut ridicule de survie.

L'événement a lieu le troisième jour.

Au milieu de rien. Les chauffeurs les ont lâchés en plein désert. L'un d'eux leur a juste indiqué vaguement la direction de Tamanrasset, d'un geste du bras, nonchalant. Souley a même cru apercevoir l'estompe d'un rictus au coin de sa bouche. « Cet homme a dû oublier qu'il était un homme », s'est dit Souley pour lui-même. Le goût âpre de la haine est remonté dans sa gorge. Mais on ne se rebelle pas contre un homme qui sait enfoncer des couteaux dans des chairs. On baisse la tête, malgré la honte.

Les vingt-sept passagers abandonnés se regardent pendant quelques minutes en silence. Chacun semble attendre que quelque chose se passe. Les yeux de Souley jonglent d'un regard à l'autre. Il se demande quelle est l'histoire de ces vingt-six hommes, ce qui les a poussés sur la route, quelles sont les souffrances et les espoirs abrités derrière leurs pupilles noires. Il se demande si les autres sont aussi déterminés que lui, si eux aussi ont une mère à ne pas décevoir. L'homme qui a déjà fait l'aventure prend la parole. Il connaît la route, il propose de servir de guide au groupe. Tout le monde accepte de suivre ses conseils et le groupe se met en marche.

Souley n'a pas peur. Il n'a pas le droit. Sa famille compte sur lui, il y arrivera. Il faut juste ne pas mourir avant d'entrer en Europe. Après, tout ira bien. Les adolescents, là-bas en Europe, on ne les laisse pas dans la rue. Il le sait. Ses amis le lui ont dit. Souley a vu leurs photos sur Facebook. Il ira à l'école, il aura un bon métier. Quand il pense à l'argent qu'il enverra à sa mère, Souley sent l'adrénaline onduler dans son cœur. Il avance, droit devant lui, exactement comme il y a deux semaines, quand il était parti en forçant son corps à ne pas se retourner vers la maison et les souvenirs qu'il laissait derrière lui. Des chuchotements indistincts émergent de sa bouche et s'évanouissent dans l'air brûlant avant même d'avoir atteint ses oreilles.

Souley fixe rapidement son pas sur celui d'Abdoulaye. Ensemble, les baskets Nike de Souley et les sandales d'Abdoulaye frappent le sol et laissent leur empreinte sur le sable compact du désert. Abdoulaye doit avoir une vingtaine d'années, mais il en paraît un peu plus. Il a le regard singulier de ceux qui ont souffert et réparé leurs blessures avec dignité. Sa peau, lisse et très sombre, est creusée par une fossette sur sa joue gauche. Un immense vide sépare ses deux dents de devant. En chemin, au rythme de leurs pas, Souley et Abdoulaye se racontent leurs vies et leurs familles. Bricoler des mots sur leurs souvenirs leur permet d'éviter que ces derniers ne se consument en plein désert.

Quatre heures de marche. La faiblesse physique de Souley altère déjà son esprit. Il a du mal à se concentrer pour penser. Le moral au sein du groupe diminue, le sable et le vent du désert l'érodent peu à peu. Les corps de certaines personnes sont agités de tremblements, victimes de la peur ou de la faim impitoyables.

— On va y arriver, Souley. Marche. Continue. Tu sais jouer au foot, non ? C'est comme un match, ici. Même quand l'équipe adverse te domine, tu ne t'arrêtes pas avant le coup de sifflet final. Notre adversaire, c'est le désert. Et il ne va pas gagner. Ce soir, on joue la finale de la Coupe d'Afrique du désert.

Souley n'a pas la force de répondre mais il écoute les encouragements d'Abdoulaye. Il essaie de se discipliner. Il faut oublier la sécheresse qui envahit sa gorge. Oublier son pied gauche torturé par une ampoule de la taille d'un poing qui colle à la chaussette en répandant son pus jaunâtre. Oublier les violentes torsions de ses intestins. Ne pas oublier pourquoi il est là.

Un homme est tombé tout à l'heure. Ses pieds se sont dérobés. L'épuisement lui a fait un croche-pied et son front a frappé le sable. Souley et les autres l'ont aidé à se relever. Ils ont partagé l'eau, car le bidon de l'homme était vide. Ils ont refusé d'abandonner quelqu'un derrière eux, même si certains y ont pensé en silence. Mais cette chute a sonné l'alerte. Il faut trouver au plus vite une ville, s'extirper de ce vide qui s'étale au-dehors, dans ce désert sec et terrorisant, mais qui gagne aussi leurs corps déshydratés et sous-alimentés. Souley est obsédé par le vide. Il a l'impression de ne plus avoir de sang, d'organes, de muscles, tant son estomac lui tiraille le ventre, comme creusé par un trou béant. Il se sent devenir de la même consistance que l'air sec et mort du désert autour de lui. Son enveloppe corporelle lui paraît ridicule, elle s'échine à maintenir du vide sous une membrane de peau sèche comme du cuir. Les grains de sable se nichent comme des parasites dans tous les plis et les zones humides du visage. Ils investissent les coins des yeux, s'accumulent sur les cils, emprisonnent les narines et se faufilent entre les lèvres crevassées, faisant crisser les dents sur leur passage. Les fines gouttes de transpiration que le corps parvient à produire sont instantanément séchées par le soleil, marquant la peau de courbes salées irritantes.

Parfois, tout en marchant, Souley perd contact avec la réalité. Son corps continue à avancer tel un automate, mais ce n'est plus lui qui le pilote. D'un coup, il n'est plus là, il n'a plus conscience de ce qu'il fait, de l'endroit où il se trouve, des personnes qui l'accompagnent dans ce dangereux projet. Comme son corps, sa tête se vide, son énergie est aspirée par le désert. Des miettes de couleurs passagères s'amusent devant ses rétines, qui ne distinguent plus qu'un vague brouillard. Ses oreilles n'entendent plus que des bourdonnements.

D'autres fois, sa conscience revient, d'un coup, comme un interrupteur qu'on rallume. Souley prend alors la mesure de l'absurde situation dans laquelle il se trouve. Il essaie de se convaincre que cette étape est la plus difficile. Il sait qu'il se ment à lui-même. On lui a parlé de la grande eau qu'il faudra traverser, juste avant l'Europe, c'est ça qui lui fait peur plus que tout, mais pour l'instant il n'y pense pas, il faut marcher, ne pas s'arrêter, ne pas oublier pourquoi il est là.

Ses yeux noirs s'immobilisent tout à coup sur des formes au loin, à dix kilomètres peut-être. Ses pieds meurtris accélèrent, ils impriment le sable avec davantage de force. Autour de lui, vingt-six paires de pieds s'activent. Le bruit d'une petite armée en marche brouille le silence du désert.

Peut-être qu'ils n'ont peur de rien

Langage

Toc toc. De la manière de toquer à la porte du bureau, on sait déjà. On ne se trompe presque jamais à ce jeu-là. Méthode n° 1 : coups répétés et forts, avec l'ensemble du poing : la police nous amène un jeune. Méthode n° 2 : coups secs et fermes, mais moins nombreux et moins forts que les précédents : un interprète ou un collègue. Méthode n° 3 : petits coups très discrets, avec un seul doigt, parfois à peine perceptibles : un jeune. Qui s'excuse déjà d'être là, dirait-on.

Ce matin, méthode n° 1, la police nous amène un jeune Syrien. Il entre dans le bureau, escorté par trois immenses policiers. Comme un voleur. Il baisse les yeux. Ce jeune nous est amené suite à un contrôle à bord d'un train. Sans papiers, il a été placé en garde à vue. Mineur, il est inexpulsable, donc conduit chez nous pour une prise en charge par l'Aide sociale à l'enfance du département.

Je signe la décharge de responsabilité, les policiers s'en vont. Je pense que ce jeune homme n'a aucune idée d'où il est et de pourquoi on l'a amené ici. Il doit penser que moi aussi je suis de la police.

— *English ?*

— ...

— *Arabi ?*

— ...!

— *Salam aleykoum. Ana... La... Bolis* [Moi... Non... Police].

Il sourit. Les épaules remontent. Les yeux osent affronter les miens.

Il y a peu, j'ai vu le film documentaire, *Eau argentée*. Les Syriens qui arrivent dans mon bureau viennent de cet enfer. Celui qui est en face de moi avait les chevilles dans les cendres et le sang il y a quelques mois. Et peut-être il y a peu dans l'eau glacée qui s'infiltrait dangereusement à travers la coque du bateau.

Il vient de l'enfer, et il est devant moi. Et il sourit de me voir écorcher sa langue de manière grotesque pour essayer de me faire comprendre.

Les Syriens, en général, ne restent pas en France. Ce jeune homme, comme bien d'autres, s'est fait prendre dans le train alors qu'il partait vers Calais. Il est mineur, donc la police nous l'envoie. C'est la procédure. La police part, il me demande par où se trouve Calais. C'est la réalité du terrain. Je vais donc voir ce jeune homme cinq minutes dans ma vie, comme il va me voir cinq minutes dans la sienne.

Mais on a le temps de se moquer de moi, ensemble, parce qu'une Blanche qui essaie de parler arabe, c'est rigolo.

Échafaud

Un mail vient d'apparaître sur mon écran. Il brise mon sourire. « Réponse concernant Jules M. » Le PDF s'ouvre.

C'est un refus de prise en charge. Jules, le fils de pasteurs congolais qui m'avait interrogée sur les comportements européens, n'est pas reconnu comme mineur isolé étranger par le département. Son apparence physique semble supérieure à dix-huit ans, ses papiers comportent des anomalies et son récit des incohérences. Pour lui, c'est non. Jules est hébergé dans notre structure, il va donc falloir lui annoncer qu'il doit quitter sa chambre.

Mais nous sommes samedi. Or il y a une règle : on ne met personne dehors le week-end. La plupart des permanences associatives sont fermées, ce serait jeter les gens à la rue sans aucune bouée de sauvetage. Donc Jules ne connaîtra la décision que lundi.

Le samedi est aussi le jour du ménage. Je vais chercher le seau, le remplis à la bouilloire, verse un produit nettoyant aux saveurs fruitées, y plonge la serpillière. J'allume France Inter et commence à mettre les chaises à l'envers sur le bureau.

— Je peux vous aider ?

Je sursaute et me retourne brusquement. Jules apparaît dans l'embrasure de la porte.

— Pardon, je ne voulais pas vous faire peur.

Il répète :

— Je peux vous aider ? J'aime bien faire le ménage.

— T'inquiète pas, je peux le faire. Je suis payée pour ça. Enfin, pas vraiment pour ça, mais disons que ça fait davantage partie de mes tâches que des tiennes.

— Je m'ennuie. Je n'ai rien à faire. J'aimerais vous aider. Vous êtes si gentille avec moi.

— Ok, si tu y tiens.

Il sourit et se met à dépoussiérer le bureau et les étagères. Le document annonçant la fin de son hébergement est encore dans l'imprimante, face retournée. Je sais que Jules n'a plus que deux jours de sursis et lui ne sait rien. Il est là, poli, gentil, souriant. Trop poli, trop gentil, trop souriant.

Il chantonne en nettoyant mon bureau, alors qu'il est déjà sur un échafaud invisible. Et j'ai participé à la construction de cet échafaud. J'ai envie de le lui dire. Pour qu'il s'énerve. J'ai envie qu'il s'énerve contre moi. Je pourrais le détester un peu, ça m'aiderait à avoir moins honte.

C'est moi qui ai envoyé le rapport le concernant au département. C'est moi qui ai noté : « Jules dit avoir commencé l'école à six ans en 2000, ce qui fait qu'il aurait donc vingt ans en 2014, et non seize. » Incohérence dans le récit. C'est aussi moi qui ai noté : « Son apparence physique peut sembler supérieure à l'âge déclaré. »

Zèle

Je reviens au bureau le mardi suivant. Jules est parti la veille, un autre jeune le remplace déjà dans la chambre. Sur le cahier de liaison, je lis les mots de mon collègue : « Fin de prise en charge annoncée à Jules. Chambre nettoyée Ok + draps propres. Clefs remises. RAS. »

Parfois, on fait du zèle dans l'utilisation outrancière du vocabulaire administratif. On voile nos émotions sous des ok, des RAS (rien à signaler), des symboles +, voire ++, des points d'exclamation dans des triangles ou des ronds barrés de traits obliques. On supprime le sujet de la phrase, surtout quand il s'agit de la première personne du singulier. « Lui ai donné son document de fin de prise en charge. » Ça permet d'éviter de dire qu'on avait mal au bide quand on a récupéré les clefs d'un jeune et qu'on l'a vu s'éloigner avec son sac à dos, un papier A4 avec quelques adresses d'associations dans la main droite, un sachet plastique avec des biscuits secs et des monodoses de confiture et de miel dans la main gauche. Ça met de la distance. Ça prouve aux collègues et aux chefs qu'on est fort, blindé, qu'on ne se laisse pas émouvoir et qu'on traite deux situations identiques de manière identique.

Mais le plus simple, pour oublier, c'est de passer d'une situation compliquée à une autre situation compliquée. Ça tombe bien, les situations compliquées arrivent quotidiennement. Aujourd'hui, la situation compliquée qui chasse le souvenir amer de Jules, c'est Daniel.

Gitan

Daniel a treize ans, mais je lui en donnerais dix. Quand il est assis sur la chaise, ses pieds ne touchent pas le sol. Le petit gitan a l'œil rieur et déjà un bon bagou, avec son béret posé en travers de sa tête. Mais les douleurs jouent à cache-cache derrière ce sourire espiègle.

Daniel habitait dans un camp de Roms. Il travaillait au feu rouge. Il se faisait battre quand il ne ramenait pas assez d'argent. Un jour où il s'est levé avec un peu plus de détermination que la veille, l'oiseau rebelle s'est envolé.

Arrivé dans notre bureau, Daniel raconte : déjà chez lui en Roumanie, il vit entre la rue et la maison, car son père est violent. Il ne sait pas vraiment qui est sa mère, il y a plusieurs femmes à la maison. L'une d'elles est la sœur de son père. Elle est peut-être aussi sa mère, Daniel ne sait pas, ne sait plus. Il voyage avec un ami de la famille. Arrivé en France, il travaille pour cet homme. Il souffre. Il ne veut pas rentrer en Roumanie, chez son père. Il ne veut pas non plus rentrer au camp ce soir-là. Il fugue et se retrouve au commissariat. Puis dans notre bureau

Il est placé en foyer rapidement, au vu de son jeune âge. Il se sent bien. Il fait rire les éducateurs tout autant qu'il les agace, avec son comportement de canaille. Mais l'histoire ne se termine pas là.

Un homme se présentant comme le père de Daniel s'est rendu au commissariat pour déclarer la fugue de l'enfant. Daniel nous avait dit que son père était en Roumanie... Soit c'est vrai, et cela veut dire que la personne qui s'est présentée au commissariat est un imposteur qui cherche à récupérer le gosse qui lui ramène l'argent en fin de journée. Soit c'est faux, et cela veut dire que l'homme qui frappe Daniel est son père. J'aimerais bien qu'il y ait un autre « soit ».

Il va falloir tirer les choses au clair. Car si le père de Daniel est en France, il a le droit de réclamer son fils. Sauf si son fils est en danger avec lui.

Aujourd'hui, on revoit donc Daniel une deuxième fois. L'enjeu de ce rendez-vous est lourd. J'ai l'impression d'être dans le film *Polisse.*

— Daniel, on se revoit car quelqu'un qui se présente comme ton papa est venu te réclamer.

— ...

— Qu'est-ce que tu peux nous dire à propos de ça ?

— ...

Pendant dix minutes, il ne dit rien. Regarde ses genoux. Regarde ses larmes couler sur ses genoux. Il a peur.

— Est-ce que tu connais monsieur T. ? Lui dit qu'il est ton papa.

— ...

— Daniel, si tu ne me prouves pas que tu es en danger, le juge va te rendre à ce monsieur.

— ...

On commence à perdre patience. On voit que Daniel a peur, mais s'il ne lâche rien, il va être rendu à ce type qui se présente comme le père. Il paraît qu'avec les Roms, les juges ne vont pas trop fouiner. Ils rendent l'enfant à celui qui se présente comme son parent. Point barre. Au vu de ce que Daniel nous a raconté au premier rendez-vous, je ne suis pas extrêmement convaincue de la pertinence de le remettre dans les bras de ce monsieur. On tente autre chose.

— Daniel, est-ce que tu peux me dire si tu as peur de ce monsieur ?

Il hoche la tête.

— Sans me dire qui c'est, est-ce que tu veux bien m'expliquer pourquoi tu as peur de lui ?

Ça y est. La bulle est crevée. Daniel explique tout. Oui, monsieur T. est son père. Oui, il nous avait menti en disant qu'il était encore en Roumanie parce qu'il avait peur qu'on l'oblige à retourner chez lui. Oui, il le frappe. Fort. Souvent.

L'interprète a du mal à nous traduire des paroles qui se démènent pour ne pas étouffer sous les larmes. En plus on a oublié la boîte à mouchoirs. Bande d'incapables.

Les yeux-pépites de Daniel ne brillent plus. La trouille lui mange le visage. Elle se régale, l'insolente. J'aime pas ça, la voir fanfaronner dans les yeux d'un gosse. Daniel demande cinq fois, dix fois si on ne va pas le rendre à son père.

— Je ne veux pas aller avec lui, s'il vous plaît.

Boxeur américain

Mamady entre dans le bureau au moment où Daniel s'en va. Chassé-croisé improbable entre un petit Rom d'un mètre quarante et un grand Soninké d'un mètre quatre-vingt-cinq. Au moins. Mamady a une carrure de boxeur américain. Surplombée d'un visage aux traits durs. Son regard est acéré et ses pupilles ne tremblent jamais.

Mamady doit s'en aller aujourd'hui. Il est reconnu mineur isolé étranger et va être placé en foyer. Hier, il m'a demandé si c'était possible de récupérer ses claquettes avant de partir. Il les avait prêtées à un autre jeune qui était, par erreur, parti avec dans le foyer où il venait d'être placé. J'ai contacté le foyer, et on m'a rapporté lesdites claquettes.

Mamady est sur le départ. Il attend, son sac à ses pieds, qu'un éducateur de son foyer d'accueil vienne le chercher. Dans ce sac, il y a absolument tout ce qu'il possède. C'est pour ça qu'il ne le lâche jamais. Il ne me reparle pas des claquettes. Il n'ose pas, je pense. Heureusement, je m'en souviens.

— Ah, j'allais oublier, on a rapporté tes claquettes !

Mamady se lève et me retire les claquettes des mains avec une extrême précaution. Il les manipule comme si elles étaient en cristal et les place doucement dans son sac à dos.

— Merci... C'est important.

Ses pupilles se mettent à trembler derrière le rideau humide de ses larmes.

— C'est les claquettes de ma maman.

Feuilles

L'éducateur qui vient chercher Mamady est accompagné de Mathilde, la jeune fille qui voulait devenir mannequin mais qui avait trop de cicatrices. Elle est placée depuis quelques jours dans le même foyer. Elle ira bientôt à l'école. Elle récupère pas à pas des morceaux de son adolescence :

— Alors, c'est comment le foyer ? Tu as bien mangé ?

— Oui, c'était bon. Mais on m'a donné aussi un truc vert, là. On m'a dit, c'est « salade ».

Elle me regarde avec une moue légèrement dégoûtée :

— Chez nous en Afrique, on mange pas des feuilles.

Super-héros

Téléphone. Je décroche d'une main en saluant Mamady et Mathilde de l'autre. C'est la police. Ils viennent de faire une descente chez un passeur érythréen. Il y avait une quarantaine de personnes chez lui. Neuf mineurs parmi eux. Le plus grand, Aman, quinze ans, sera conduit chez nous. Les autres répartis dans les foyers qui ont des places libres, en attendant de trouver mieux.

Aman arrive. Entre quatre policiers. Visage d'enfant aux traits endurcis. Si lui est le plus grand, je n'ose pas imaginer les huit autres...

Les policiers s'en vont. Aman est assis sur une chaise en face de nous. Il nous regarde, on le regarde, on se regarde. On tente des langues :

— Français ? *English ? Arabi ? Español ?*

À chaque question, Aman nous observe avec ses grands yeux interloqués. Le pli qui s'est creusé entre ses deux sourcils trahit son inquiétude, mais je ne dirais pas qu'il a peur. En même temps, il vient de traverser le Sahara et la Méditerranée. Par une route terrible, celle qui passe au Soudan et en Égypte. Celle où les Bédouins te torturent s'ils t'attrapent. Même si t'es un gosse. Ils font couler du plastique fondu au creux de ton dos, pour obtenir une rançon. Même si t'es un gosse.

Alors, au bout d'un moment, peut-être qu'on n'a plus peur de rien. Peut-être.

— *Tigrinya ?*

Ses paupières se relèvent subitement. Cette langue doit donc être la sienne. Wikipédia m'a correctement informée. Aucun logiciel de traduction en ligne pour cette langue. On s'adresse donc à Aman en français, avec une voix douce, tranquille. Si notre parole n'est qu'un fil incompréhensible qui se déroule, qu'il soit au moins porteur d'une musicalité rassurante.

Aman nous fait comprendre qu'il veut utiliser l'ordinateur. Il se connecte à Facebook. Prend des infos, des numéros. Il nous donne le nom d'un autre jeune placé en foyer ce soir. On cherche le foyer où il est hébergé. On appelle. Aman parle à son ami. En un instant, on devient totalement incompétents à comprendre ce qui se passe. On pense qu'ils veulent se rassurer les uns les autres, ces jeunes garçons. On ne le sait pas encore, mais on se trompe.

Le soir, dans les foyers de la région, des portes s'ouvrent en silence. Sur la pointe de leurs dix-huit pieds, les enfants érythréens s'enfuient. Tous. Par téléphone, ils se sont mis d'accord sur un lieu de rendez-vous pour continuer leur route vers l'Angleterre. Dans les foyers, tous les éducateurs ont dû être comme nous. Ils ont dû les regarder se parler au téléphone en pensant qu'ils voulaient se rassurer. En fait, ils mettaient sur pied leur plan d'action : fuir, se rassembler, rejoindre Calais.

Batman et Superman sont minables. Ces mômes sont des super-héros.

Ces neuf-là seront les premiers d'une longue série. À force, on a su : les Érythréens ne restent jamais. Pas besoin de commencer la procédure, ou de les placer en foyer. Leur objectif, c'est l'Angleterre. Il faut les laisser fuir, c'est tout. C'est un peu dur quand ils ont seulement quinze ans. On a peur pour eux. Mais ce sont des super-héros, donc on s'inquiète un peu moins. Peut-être qu'ils n'ont peur de rien.

Les souvenirs jouent des claquettes

Prière

Ce matin j'ai recroisé Jules, dans la rue. Cela fait une semaine qu'il a été mis dehors suite à la réponse négative du département. Il dort dans une église, par terre, avec beaucoup de monde. Jules est issu d'une famille très aisée. Il vient de vivre une dégringolade sociale, en plus de l'exil et de la séparation familiale. En une semaine, ses traits se sont durcis.

Quand j'arrive au bureau, mon collègue me raconte le moment où il a dû lui demander de quitter la chambre. Jules est resté très poli, comme toujours, alors que cette décision était un poignard enfoncé brutalement dans la fragile enveloppe de ses rêves. Il a demandé :

— S'il vous plaît, est-ce que je peux prendre un petit moment pour prier dans ma chambre ?

Haram

Il y a sept ou huit jeunes ce matin dans le hall. Tous dorment dehors. Ils attendent ou leur rendez-vous, ou la décision du département suite au rendez-vous. Ils ne peuvent pas appeler le numéro d'urgence d'hébergement, le 115, car c'est un service pour les majeurs. Je leur propose de bidouiller : changer leur date de naissance quand ils appellent le 115. Je leur explique que ça n'altérera en rien leur demande de protection en tant que mineur.

— Ça n'altérera en rien votre demande de protection en tant que mineurs.

— Oui mais, madame…

— Oui ?

— Comment on fait pour ceux d'entre nous qui sont musulmans ?

— ... Comment ça ?

— Notre religion nous interdit de mentir…

Je ne sais pas tellement quoi répondre. J'explique que chacun est libre de prendre la décision qu'il veut. Mais que, personnellement, je pense que certains mensonges sont légitimes. Quand un mensonge peut permettre de dormir au chaud, par exemple.

J'abandonne ce groupe de jeunes à leur réflexion sur la place du mensonge au sein de la morale religieuse et du système administratif français, car un homme visiblement énervé tambourine à la porte du bureau.

Ring

Dès son entrée, je sens Lassana sur la défensive. À peine bonjour. Les yeux pleins de colère. Lassana n'est pas pris en charge. Le département n'a pas cru à sa minorité. *A priori* à raison : c'est un homme que j'ai en face de moi. Je lui donne le papier qui notifie la décision.

Je ne m'étais pas trompée sur la première impression. Il a décidé de m'en mettre plein la figure. C'est parti. On entre sur le ring de boxe.

— Vous savez, l'aide ce n'est pas une question de couleur de peau, madame.

— Je peux savoir pourquoi vous me dites ça ?

— Vous avez très bien compris.

Premier round.

Ses yeux dégoulinent de mépris. Il m'énerve. Je garde mon calme. Explique que, d'une, ce n'est pas moi qui ai pris cette décision. Que, de deux, on n'est pas là pour juger la couleur des gens mais leur minorité. Il secoue la tête. Son regard ne change pas. Il est sombre, méchant, méprisant. Ça dure une bonne dizaine de minutes. Il s'étale sur sa chaise, souffle bruyamment, tapote le bureau de ses dix doigts.

— Vous ne comprenez pas, bien sûr, vous n'êtes pas comme moi.

— Ça doit être ça, certainement.

Il finit par s'en aller. Fin du match. Je ne sais pas trop qui a gagné.

Colons

L'après-midi, Mohamed Lamine me confirme, lui aussi, la couleur de ma peau :

— Une fois en Italie, pourquoi tu as décidé de venir en France et pas dans un autre pays d'Europe ?

— Je suis venu en France car vous nous avez colonisés. Du coup on connaît la France et on connaît la langue.

Ouch. Il fait mal, ce « vous ».

Colons bis

Mais les Français ne sont pas les seuls responsables. Amandine, congolaise :

— Je suis né le huit juin mille neuf cent nonante-huit.

Un héritage colonial belge dans la langue de Molière...

Ça

Moussa frappe à la porte. Il vient pour son rendez-vous. Son visage est très marqué. Les yeux creusés, les traits tirés. Et une panique permanente dans le regard. Ses pupilles jonglent dans tous les sens. Tout dans l'environnement de notre bureau semble susciter de la crainte en lui.

On commence à poser des questions, Moussa tente d'y répondre. Il a beaucoup de mal à décrire sa vie dans son pays. À chaque fois, le voyage jusqu'en Europe arrive en trombe dans son esprit. Il ne pense plus qu'à *ça*, ne sait plus vraiment ce qu'il a fait avant *ça*, comment il vivait, ce qu'il aimait, ceux qu'il aimait. Quand arrive le moment de raconter *ça*, ce voyage, Moussa déballe tout de manière un peu anarchique. Les souvenirs surgissent sans prévenir, ils s'amusent à jouer des claquettes dans son crâne.

Tout se mélange. Les rebelles touaregs au Nord-Mali. La traversée du désert du Sahara, dans un pick-up surchargé. Les travaux d'esclaves dans le bâtiment, dans chaque ville-étape, pour trouver l'argent nécessaire à la poursuite de la route. La traversée de la rivière entre l'Algérie et le Maroc. La vie dans les « ghettos », ces maisons délabrées où s'entassent les corps fatigués des voyageurs. Les « chefs de ghettos », rois de ces royaumes de misère, de fatigue et de solitude. Autoproclamés *chairman*, « consul » ou « président », ces marchands de sommeil instaurent une domination arbitraire qui leur permet de soutirer à leur guise le peu d'argent disponible dans les poches déjà percées des habitants du ghetto.

Et surtout, Moussa se souvient des sept mois à Gourougou. Tous les exilés qui passent par l'Espagne le connaissent, ce Gourougou. C'est le mont qui surplombe l'enclave espagnole de Melilla au Maroc. Gourougou, c'est l'Afrique. Melilla, c'est l'Europe. Sept mois à vivre en forêt, dans des tentes de fortune, à se faire déloger par les policiers marocains, à tenter de survivre. Et surtout, sept mois à attendre le bon moment pour « partir choquer », c'est-à-dire essayer d'escalader la triple barrière de six mètres de haut. Car une fois le pied posé de l'autre côté de la barrière, on est sur le sol européen, on a le droit à une analyse de sa situation, on est placé dans un centre d'accueil et on peut, au bout, gagner le laissez-passer, sésame permettant l'entrée dans la « grande Espagne », là-bas, de l'autre côté de la Méditerranée.

Moussa a pris la précaution, avant de partir choquer, de fixer des clous dans la semelle de ses chaussures. Les mailles de la barrière sont volontairement très fines, pour empêcher un pied de s'y accrocher. Moussa a échoué six fois, avant de réussir. Six fois l'adrénaline, six fois la peur, six fois les mains qui tremblent et les pieds qui dérapent, six fois les barbelés qui mordent, six fois les matraques, six fois le refoulement à la frontière algéro-marocaine, à des centaines de kilomètres de là. Six fois l'espoir qui explose au sol en tombant.

Au moment où il le raconte, il touche machinalement le haut de sa main gauche, striée d'une cicatrice. La barrière a sorti les griffes et mangé la chair. Sur le haut de son crâne aussi. Il ne dira pas si c'est l'œuvre de l'intransigeante barrière ou d'une matraque marocaine un peu trop zélée. De ces matraques qui visent principalement les bras et les jambes, afin que les membres ainsi meurtris aient moins de force pour escalader la barrière lors de la prochaine tentative.

Le parcours migratoire de Moussa ressemble à mille autres, mais chacun d'entre eux est constitué de traumatismes singuliers, semés par des jours et des nuits sur le chemin de l'Europe. Parmi les récits de ces parcours, je me souviens de celui de Pierre, un Camerounais baraqué comme un déménageur suédois.

Sahara

Pierre, 10 000 kilomètres dans les pattes, dont une centaine dans le Sahara.

— C'était comment, la traversée du désert ?

— Difficile, difficile… Il y a… il y a les cadavres, là.

La buée salée s'est déposée au coin de ses cils et a brouillé sa pupille. Un instant seulement, à peine quelques secondes. D'un clignement de paupières, Pierre a relevé la tête, asséché les yeux qui ont trahi sa fragilité secrète et s'est raclé la gorge doucement.

— Je ne veux pas en parler.

Trottoir

Un coup de téléphone d'une association partenaire m'extirpe de ce souvenir de Pierre. Trois jeunes viennent d'être déposés devant ses locaux. Les travailleurs sociaux de cette association ont clairement vu un homme laisser les jeunes sur le trottoir et s'enfuir en courant. Sur le trottoir, les yeux arrondis par la surprise : João, quinze ans, Amanda, douze ans, et leur petit frère Miguel, sept ans. Hier, ils étaient en Angola. Aujourd'hui, ils sont en France.

Les trois gamins sont venus avec un passeur. Je ne connais pas exactement les prix, mais j'ai entendu dire qu'un voyage par avion accompagné d'un passeur était facturé 7 000 euros. Pour les trois enfants, ça fait donc 21 000 euros. Je m'interroge. Pourquoi une famille, apparemment si aisée, se sépare-t-elle de ses enfants de cette manière ? Pour qu'ils obtiennent facilement la nationalité française ? C'est possible. Car si l'enfant est pris en charge par le département avant ses quinze ans, il devient français à dix-huit ans, sur simple déclaration. C'est beaucoup plus difficile, par exemple, pour un étudiant angolais qui viendrait en France avec un visa étudiant et voudrait rester après la fin de ses études. Mais tout de même, j'ai du mal à comprendre comment une famille en vient à prendre la décision de payer, très cher, pour déposer ses enfants sur un trottoir européen.

C'est fréquent, de la part des passeurs, d'abandonner les gamins dans un aéroport, sur un trottoir ou sur un quai de gare. Certains, comme ces trois Angolais, sont déposés devant les associations ou devant notre bureau : leurs familles ont sans doute payé plus cher car c'est plus dangereux pour les passeurs de s'exposer ainsi. Les autres sont abandonnés en pleine ville. Ils deviennent alors une proie très facile. Aliou en a fait les frais.

Quai

Aliou nous raconte son arrivée en France. Perdu, à la gare, il demande de l'aide. Une femme propose de l'héberger.

— Elle était vieille, elle avait soixante ans, comme ça. Et la vieille elle buvait un truc jaune, je sais pas c'est quoi ce truc. Elle est dans le fauteuil et elle me dit d'aller dans son lit.

Aliou s'arrête de parler et nous observe avec ses grands yeux ronds, ses sourcils rehaussés jusqu'au milieu du front.

Puis il reprend de plus belle, agitant les bras comme un acteur de théâtre.

— Moi j'ai demandé pourquoi je vais dormir dans le lit avec toi ? Elle dit parce que je veux dormir avec toi. Elle voulait faire… truc là… avec moi.

Nouvelle pause. Il nous regarde et secoue la tête, l'air ahuri.

— Je sais pas comment vous faites, vous les Blancs. Mais chez nous une vieille comme ça, ça fait pas… truc là avec les jeunes.

La vie au ghetto

Allongé sur une natte, les yeux rivés à une fissure qui s'étire au plafond, Souley laisse vagabonder ses pensées. Ses mains percées d'ampoules et son dos courbaturé ne lui font presque plus mal. Il s'y est habitué. Les douleurs physiques sont loin d'être les plus douloureuses. Elles sont superficielles, elles jouent avec la peau mais sans jamais atteindre le cœur. Les humiliations, en revanche, sont une authentique torture. Elles se fendent un chemin directement vers les organes vitaux et prennent un malin plaisir à piétiner le cœur avec leurs grosses bottes.

Cela fait huit semaines maintenant que Souley est en Algérie. La traversée du désert lui semble déjà un lointain souvenir. Tout est flou, il ne sait plus très bien si c'était lui qui était là, dans le pick-up, écrasé par un Camerounais. Si c'était vraiment lui, cet homme tremblant, agenouillé devant les kalachnikovs des Touaregs. Était-ce lui qui se couvrait le corps de sable, comme un animal perdu ? Souley ne se rappelle plus tellement la marche dans le désert et la soif qui avait transformé sa langue en pierre rugueuse.

Il est incapable de dire si tout cela a duré une ou mille heures.

Les jours se ressemblent, à Tamanrasset. Chaque matin, avec tous les autres hommes du ghetto malien, Souley se rend sur la place Tchad. Les Algériens qui ont besoin d'ouvriers viennent les chercher là. Parfois, il a de la chance et il est choisi par les patrons. Parfois non, et c'est alors une nouvelle journée de perdue. Quand le patron arrive, tout le monde se précipite vers le pick-up. Les muscles se bandent et les épaules s'élargissent. Il faut avoir l'air fort. Les Camerounais sont toujours sélectionnés en premier, bien sûr. Puis il n'y a pas de règles. Il faut accrocher le regard du patron et, dans ce quart de seconde de chance qui vous est donné, ne pas le lâcher. Le convaincre par les yeux qu'on est un bon ouvrier. Qu'on n'est pas du genre à se rebeller. Qu'on ne va rien dire quand on nous traitera de négro ou qu'on ne nous paiera pas exactement la somme prévue à la fin de la journée. Le travail est difficile, il faut porter des sacs de ciment ou creuser des trous pendant des heures. Toute la journée, il faut aussi supporter les insultes, essayer de les faire glisser sur son dos pour les empêcher de se faufiler dans le cœur.

Parfois, et c'est alors un jour de chance, les patrons sont moins durs. Ils offrent à manger et n'insultent pas. « Un Noir qui mange bien est un Noir qui travaille bien », avait dit l'un d'eux. Certains discutent même avec leurs ouvriers. Ils parlent d'Europe et de rêves, car eux aussi quelquefois ont des envies de traverser la mer.

Les patrons les moins sévères autorisent les ouvriers à se parler entre eux en travaillant. Souley sourit en repensant à ce jour où Abdoulaye s'est arrêté, la pelle toujours en l'air après avoir donné le coup final au trou qu'il était en train de creuser. Un trou net, aux parois parfaitement parallèles et aux dimensions exactes. Celui de Souley, lui, était informe, petit, et s'affaissait constamment. L'épuisement et l'énervement de ne pouvoir y arriver faisaient perler les gouttes de sueur sur ses tempes.

— Souley, ta mère elle a oublié de te mettre des muscles dans les bras quand tu es né ou quoi ? T'as que les os et la peau, normal que tu arrives pas à creuser !

Le rire d'Abdoulaye avait éclaté si fort que le patron l'avait repris :

— *Yallah, yallah*, au travail mon camarade.

Ce patron-là était vieux et sympathique, il n'arrivait pas à paraître méchant. Même s'il essayait parfois, ses yeux clairs restaient doux quand sa bouche tentait de grogner. Alors il finissait toujours par dire « *yallah, yallah* », avec une voix redevenue aussi calme que les notes qu'il jouait parfois sur sa guitare, au coucher d'un soleil encore brûlant. Avec lui le travail était moins dur. Alors Abdoulaye, systématiquement, en profitait pour se moquer ouvertement de Souley, bien plus faible que lui. Abdoulaye a grandi à la campagne, Souley en ville. Abdoulaye travaillait aux champs quand Souley aidait son père dans sa boutique. Ils portent les marques de leurs origines sur les paumes de leurs mains : celles d'Abdoulaye sont dures et épaisses, celles de Souley plus fragiles. Les muscles d'Abdoulaye dessinent des courbes harmonieuses le long de son corps, là où les os trop saillants déforment maladroitement celui de Souley. Et pour tenir des manches en main ou porter des sacs sur le dos, le corps d'Abdoulaye est habile quand celui de Souley hésite, tâtonne, trébuche, et s'épuise dans la poussière.

— Parle, parle... Tu verras quand il faudra se cacher dans les coffres de voiture ou se faufiler sous des barrières. Tu resteras de l'autre côté avec ton gros corps et je t'appellerai sur ton téléphone quand je serai en Europe. Je te raconterai comme Paris est belle pendant que toi tu traîneras encore chez les Arabes.

Souley avait éclaté de rire à nouveau. Il n'avait même pas entendu les « *yallah, yallah* » du patron qui venaient de glisser dans l'air.

— D'accord. Demain je fais le régime.

La carrure d'Abdoulaye lui permet toujours de trouver du travail. Jamais un patron ne refuse de l'embarquer quand il attend sur la place le matin. Il ne participe même pas à la cohue devant les portes du véhicule. Pas la peine. Il approche, nonchalant, aspire une dernière taffe de sa cigarette et, dans le souffle blanc qui projette la fumée autour de son visage, lève discrètement le bras pour se signaler au patron. Et le patron lui fait toujours signe de venir.

Pour Souley, c'est plus compliqué. Il reste fréquemment dans le groupe des malchanceux qui n'obtiennent pas le droit de travailler. Alors, les jours sans travail, il part « taper salam » avec les autres. Il se place à la sortie d'une mosquée et demande l'aumône. Les vendredis, jour de la grande prière, ça marche mieux. Il gagne parfois plus d'argent en tapant salam qu'en travaillant au chantier. Mais, à choisir, Souley préfère toujours le chantier. Car à chaque fois qu'il demande de l'argent à la sortie de la mosquée, il sent la honte lui mordre la main, perforer la peau au creux de sa paume vide, puis parcourir son bras pour se loger dans son ventre. Lui, Souley Niakaté, fils d'Alpha Oumar Niakaté, tend la main pour espérer y recevoir des pièces. Heureusement que son père ne voit pas cette scène, elle aurait comprimé son cœur et grignoté sa dignité.

De retour au ghetto, personne ne peut échapper à la vigilance du chef. Il réclame à chaque locataire de sa maison délabrée un « droit de ghetto ». Les rares femmes paient souvent en nature. On entend parfois leurs plaintes s'échapper de la chambre des chefs, à toute heure du jour ou de la nuit. Les hommes s'acquittent du droit de ghetto en espèces. Souley n'a pas essayé de cacher l'argent. Dès le premier jour, il a vu le sang au sol. C'était celui d'Abdoulaye. Il avait prétendu ne pas avoir assez d'argent et avait caché quelques dinars dans ses sandales. Le chef l'avait vu. Il avait pris sa barre de fer. Le sang avait coulé, et les cris d'Abdoulaye avaient pénétré dans les oreilles de Souley avec la violence d'un fouet.

Allongé sur le côté, face au mur, les yeux grands ouverts, Souley n'avait pas bougé quand Abdoulaye l'avait rejoint ce soir-là. En soulevant leur couverture commune, Abdoulaye avait pris garde de ne pas découvrir le corps de son ami et s'était allongé à quelques centimètres de lui, sur le côté lui aussi, de sorte que son visage était tout près de la nuque de Souley. La pièce, exiguë et débordante de corps en sommeil, n'offrait de toutes les façons aucune autre possibilité de s'allonger. Le corps d'Abdoulaye était agité de petits tremblements incontrôlés qui faisaient vibrer la couverture. De sa bouche, par intermittence, s'échappaient de légers murmures de douleur, malgré tous ses efforts pour maintenir ses lèvres closes et contenir toute la souffrance à l'intérieur de son corps. Souley sentait le souffle chaud de ces murmures sur sa nuque. À aucun moment il ne s'était retourné vers Abdoulaye. Il ne lui avait pas dit un mot. Il en était incapable. Au rythme de la couverture vibrant sur son épaule et des faibles murmures lui parvenant aux oreilles, Souley sentait son ventre se tordre progressivement, et ce n'était pas dû à la faim.

C'est sur cette même natte que Souley est allongé aujourd'hui, les yeux toujours fixés sur le plafond fissuré, feignant d'ignorer les souvenirs douloureux qui rôdent entre les coutures colorées et son dos nu. Il se relève brutalement et retire sa chaussure. Il ouvre délicatement la semelle fendue en deux sur la longueur. Les billets qu'il retire sont humides de transpiration. Il y a ici tout l'argent récolté en huit semaines, après prélèvement du droit de ghetto. Ses doigts glissent une dernière fois sur les billets pour vérifier que le compte y est. Souley le sait, il faut partir désormais.

Il hésite longtemps sur l'itinéraire. Il paraît que la route par le Maroc est de plus en plus difficile. Ils sont très peu à réussir à entrer en Europe par la barrière, on dit que des gens attendent des années dans la forêt du côté marocain avant de réussir à entrer à Melilla, en Espagne. Il paraît que la police marocaine est très dure et très organisée. On lui a dit qu'en Libye, à cause de la révolution et tout ce qui avait suivi, la police était moins organisée, plus facile à corrompre. On lui a dit qu'il pouvait rester bloqué au Maroc une ou deux années, alors qu'en Libye, si tout allait bien, il resterait six mois maximum avant de passer en Europe. C'est important, car Souley sait qu'il faut qu'il arrive en Europe avant ses dix-huit ans. Il lui reste un peu plus d'une année pour y arriver.

Mais s'il choisit la route par la Libye, il faudra traverser l'eau. Il n'a jamais vu la mer. Ça le terrorise. Des centaines de litres d'eau salée se déversent dans ses cauchemars, les rares nuits où il parvient à s'endormir. Il se réveille brutalement, haletant, cherchant désespérément un souffle d'oxygène dans cette pièce à l'atmosphère moite, où le peu d'air frais parvenant de la petite fenêtre est aspiré en permanence par les corps de douze personnes autour de lui.

Souley retourne plusieurs fois le problème dans sa tête avant de prendre sa décision. Puis, un matin, il se fait arbitre entre sa raison et sa peur. La première l'emporte. Ce sera la Libye. Tant pis s'il a peur, il faut arriver vite en Europe. Il doit aider sa mère. Il ne l'a pas encore appelée depuis son départ, il ne peut pas le faire maintenant, pas tant qu'il est encore en Afrique.

— Tu es fou. L'eau, ça me fait peur, trop peur.

Abdoulaye secoue la tête et fait claquer sa langue, de désapprobation.

— Regarde tes pieds, Souley.

Souley penche la tête au-dessus de ses pieds, puis la relève, perplexe.

— Quoi mes pieds ?

— Tu vois des palmes ? Non. On est faits pour marcher sur la terre, mon ami. Y a même pas la mer chez nous au Mali. On sait pas faire avec l'eau. Tu fais ce que tu veux, mais moi je vais pas à l'eau.

Souley s'attendait à ce qu'Abdoulaye ne soit pas favorable à ce projet. Il n'est pas surpris de sa réponse.

— Mais à la barrière de Melilla ça ne passe plus. C'est Oumar qui m'a dit ça. Les gens restent un an, deux ans, trois ans à vivre comme des animaux. Ils vivent dans une forêt. Je sais plus, ça s'appelle Gourougourou je crois. La police marocaine te frappe, fort. Tu manges des trucs que tu peux pas imaginer. Il dit qu'il a vu des hommes devenir fous là-bas.

— Et si la mer de la Libye nous prend et ne nous remonte pas ? T'as jamais vu le film ?

— Quel film ?

— Celui avec le gros bateau où tout le monde meurt dans la glace.

— On va pas mourir, Abdoulaye.

— *Inch'allah.*

— *Inch'allah.*

Souley et Abdoulaye marquent un temps d'arrêt sans se concerter. Puis Souley reprend son argumentaire :

— J'ai bien réfléchi. Par le Maroc, c'est pas bon. On va rester bloqués là-bas. Il faut prendre par la Libye. Tout le monde le dit.

— Tu es sûr ? Tu n'as pas peur de l'eau ?

— J'ai très peur de l'eau. Mais je suis sûr que c'est mieux. On va pas mourir. Et dans deux ou trois mois, on est en Europe.

— Fais ce que tu veux, mais moi je viens pas.

Plusieurs semaines après, alors que la voiture est lancée à pleine vitesse sur la route de Tripoli, Souley repense à cette discussion avec Abdoulaye et se force à se convaincre qu'il ne s'est pas trompé en choisissant la route libyenne. Il peine à comprendre ce qui se passe dans cette voiture. C'est encore pire que lorsqu'il était écrasé par le Camerounais dans le désert. Ici, pas de voyage à l'air libre, entassés à l'arrière d'un pick-up. Souley est installé sur le siège arrière d'une voiture, comme un passager classique. Mais sa vision est limitée à une fente horizontale d'un centimètre de large. Il perçoit, non sans difficulté, une partie de la nuque et de l'épaule droite du conducteur, parsemées l'une comme l'autre d'épais poils noirs épars, ainsi qu'un morceau de son gros ventre qui ne demande qu'à s'extirper de sa chemise. Le volant lui rentre littéralement dans les bourrelets. Le grain de beauté poilu qui s'est niché au coin de son œil lui donne l'air honnête, ce qui est rare, pour une personne conduisant des passagers clandestins. Souley oriente son regard vers son propre corps. Il regarde ses jambes, ses bras et son torse, formes invisibles noyées dans le tissu noir et épais du niqab.

Un niqab.

Les passeurs regorgent d'ingéniosité. Ils ont prêté un niqab à chacun des passagers clandestins de cette voiture. Souley est devenue une femme libyenne, anonyme sous cet épais voile noir. Même ses mains sont couvertes de gants noirs. Il regarde l'une d'elles, la tourne légèrement dans l'air, étrange membre qui semble ne pas lui appartenir.

Un murmure venu de sa droite trouve un chemin pour entrer dans son oreille :

— Elles étaient déjà noires nos mains, pourquoi ces Arabes ont besoin de nous mettre des gants ?

Souley libère un petit rire spontané, rapidement étouffé par la peur de se faire entendre par le conducteur. Il est content qu'Abdoulaye ait finalement décidé de venir avec lui. Un long sourire reste imprimé sur son visage. Un sourire secret, protégé par le niqab.

Les rois de l'euphémisme

Ramadan

J'ai des nouvelles de Daniel, le petit Rom qui ne voulait pas retourner chez lui, de peur que les poings de son père ne finissent à nouveau sur son visage. Il a été reconnu comme un enfant en danger, le juge des enfants a maintenu son placement en foyer. Il faut faire attention aux sorties : que se passerait-il si son père le croisait dans la rue avec des éducateurs ? Alors Daniel ne sort pas beaucoup. Il est le seul Rom du foyer. Il s'est fait des copains. Des Maliens, des Guinéens, des Algériens. Et quand on a treize ans, on aime bien faire comme les copains :

— Moi faire ramadan. Ramadan, cool.

Daniel le Rom fait donc le ramadan avec ses copains musulmans. Enfin, pas toujours :

— Aujourd'hui moi malade. Moi pas faire ramadan, d'accord ?

Surtout qu'aujourd'hui il y a des frites au déjeuner.

Bob Marley

Il est arrivé avec des policiers, Robel. Maintenant que les policiers sont partis, je lui demande en anglais :

— Ça va ?

— Oui. C'est difficile, un peu.

La fêlure imprimée dans son regard me fait comprendre que ce « difficile, un peu » est un euphémisme. Un euphémisme obèse, même. À force, je commence à comprendre. Ces gamins qui prennent leur envol vers l'Europe sont les rois de l'euphémisme. À voir à quelle fréquence ils l'utilisent, j'en conclus que c'est leur figure littéraire préférée.

En général il n'y a « pas de problèmes ». Jamais. Alors, quand il y a des « petits problèmes » ou que « ça va un peu », ou que c'est « un peu difficile », c'est en réalité d'immenses préoccupations qu'ils trimballent sur leurs minces épaules.

— Qu'est-ce qui est difficile ?

Robel a envie de raconter. Non, il a besoin de raconter. Les blessures prennent trop de place, elles aspirent toutes ses forces. Il faut qu'elles sortent.

— Je n'en peux plus de recevoir des appels. Ce sont les familles qui m'appellent. Les familles de ceux avec qui j'étais dans le camp, en Libye. On s'est enfuis. Ils nous torturaient. Ils nous torturaient beaucoup… Quand on est partis, ils nous tiraient dans le dos, on a tous couru dans des directions différentes, tu vois ? Je ne sais pas où sont les autres. Peut-être morts. C'est leurs familles qui m'appellent, tu comprends ? Je ne peux pas répondre.

Robel baisse les yeux. J'aperçois des marques sur ses poignets. Je me refuse à imaginer l'état du reste de son corps. Ce corps d'adolescent tombé entre les mains des trafiquants qui torturent les Érythréens dans le désert. Les blessures les plus douloureuses sont-elles celles qui zèbrent son corps ou celles qui se réveillent dans son ventre à chaque fois que le téléphone sonne ?

— Ce n'est pas de ta faute, Robel.

Il répète :

— C'est un peu difficile...

Le roi de l'euphémisme remet sa couronne sur sa tête et son sac sur son dos. Il doit partir pour Calais. Il n'a plus qu'une frontière à traverser mais ses fantômes lui colleront aux baskets, où qu'il aille. Je ne sais pas quoi faire, alors je dis « *Everything's gonna be alright* » sans réaliser que je fais du Bob Marley. J'espère que Bob Marley a raison et que, vraiment, *everything's gonna be alright.* Il a l'air de mériter ça, Robel.

Fortune numérique

Salifou frappe à la porte quelques dizaines de minutes après le départ de Robel. Lui ne part pas pour Calais. Il veut rester en France, il a son rendez-vous aujourd'hui. Je commence à lui poser des questions sur sa famille, sa scolarité, les raisons de son départ du Mali. Salifou n'a jamais été scolarisé. Il travaille aux champs depuis tout petit. Il est aussi l'aîné de sa fratrie. S'il est parti, c'est pour tenter d'aider sa famille à vivre mieux. Lorsqu'on arrive aux questions sur le voyage, ça se complique :

— Tu as payé combien, le bus entre Tamanrasset et Maghnia ?

— Je sais pas, ça.

Salifou est analphabète, il a du mal à nous dire les sommes qu'il a dépensées sur le chemin jusqu'à l'Europe. Pour l'aider, je lui montre des photographies de billets de banque sur Google Images. Salifou recule tout à coup. Ses yeux, deux petites billes noir corbeau, s'arrondissent. Il me regarde, regarde l'écran, me regarde à nouveau. Il effleure l'écran du bout des doigts. Il touche les billets. Se recule, inquiet. Puis dirige à nouveau sa main vers les billets.

— Je... je peux les prendre ?

J'essaie de lui expliquer le concept de la photographie numérique et de l'Internet. Je suis très incompétente à cette tâche.

Analphabètes

Être analphabète rajoute une immense difficulté dans la course à l'Europe. Dans le grand marché aux papiers, ceux qui ont la malchance de ne pas savoir lire sont les plus mal lotis. Sory présente un tampon comportant la mention « Vill de Conakry », Mamadou un document émis par la « Préfectur de Labé ». J'imagine que les trafiquants ont vendu leur pire marchandise à ceux qui étaient incapables de déchiffrer les mots, et par conséquent de détecter les fautes d'orthographe contenues dans ces mots. Juteux commerce.

Parfois, c'est encore plus cynique, le document de Bengaly en est le triste témoin. Sur les actes de naissance maliens, il y a toujours sur l'en-tête du document une mention « NINA ». C'est un numéro d'identification national. Il n'est jamais rempli, en général. Bengaly se présente avec son acte, où, fait exceptionnel, il y a quelque chose d'écrit sur les petites cases du numéro NINA. Quelqu'un a écrit « NINA : RICHIE ». Je ne sais pas s'il faut rire ou pleurer.

Invitation

Lorsqu'il nous présente un document de ce style, le jeune en question a de grandes chances de recevoir de la part du département une invitation à se rendre à la police aux frontières. Elle est cynique, cette formule. « Monsieur Untel, vous êtes *invité* à vous rendre à la PAF pour une analyse de vos documents. » Invitation à la PAF. On pourrait presque imaginer un petit barbecue sous le soleil avec vin blanc et grillades. Sauf qu'on peut s'amuser à renverser le mot PAF dans tous les sens comme un Rubik's Cube, il sentira toujours la peur. Si on accepte l'invitation, on prend un risque, immense : le centre de rétention.

Ibrahima a reçu cette *invitation*. Il est malien, paysan, analphabète, et ne maîtrise pas bien la langue française. Chaque démarche en France est pour lui une épreuve herculéenne. Je lui explique, avec l'aide d'un interprète en bambara, ce qui est écrit sur l'invitation.

Ibrahima sort de sa poche son acte de naissance plié en quarante. Il fronce les sourcils, regarde le papier dans tous les sens, cherche à comprendre ce qui ne va pas. Comment lui expliquer que ce n'est pas logique qu'il y ait un tampon de Bamako alors qu'il est né dans le cercle de Diema ? Il n'est pas armé pour comprendre. Les lettres et les mots écrits n'ont aucun sens pour lui, personne ne lui a appris à s'en servir.

On essaie de lui expliquer les enjeux, d'utiliser des mots simples. La peur met le grappin sur son visage. Elle s'accroche, ne lui laisse aucun répit. Elle force ses lèvres à prononcer deux phrases, en français, toujours les mêmes :

— Mon papier il est pas bon ? Police va frapper ?

Puis, dans sa langue, avec l'aide de l'interprète, Ibrahima nous demande ce qu'il doit faire. On ne sait pas vraiment quoi lui conseiller. Je pense que lui-même ne sait pas si son papier est vrai ou faux. Il part, revient l'après-midi. Avec deux nouveaux actes de naissance sortis de derrière les fagots de Bamako. Les deux nouveaux actes ont l'air encore plus douteux que le premier.

Ibrahima s'enfonce, boit la tasse, il n'a pas les bouées pour résister dans l'océan administratif européen. On lui conseille de cacher ses deux autres actes : s'ils sont bons, ça ne l'aidera pas davantage, s'ils sont faux, ça lui causera des problèmes. Ibrahima cherche une solution avec l'énergie du désespoir. L'interprète nous traduit :

— Il dit qu'il va vendre ses chaussures pour partir à l'ambassade à Paris.

Je me prends à penser à la place d'Ibrahima, à me dire qu'il n'aurait jamais dû partir de chez lui. Ici, il ne maîtrise rien. Il se cogne partout et trébuche sans arrêt. Ibrahima n'est plus dans son monde.

Je me rappelle une phrase d'un autre jeune, regrettant d'avoir quitté son pays : « Tu quittes ta vie normale et c'est comme si tu n'avais plus de vie. » Ibrahima n'est pas allé à la police. La peur a gagné. Il a eu une décision négative du département quelques jours après.

Poker

L'invitation à la police est un jeu dangereux, mais certains réussissent parfois un coup de poker. Oumar, par exemple. En remettant son invitation à Oumar, je lui avais fait un petit point sur le fonctionnement de ces contrôles.

— Si tes documents sont faux ou que tes empreintes sont associées à une date de naissance qui te rend majeur, tu peux être placé en centre de rétention. Si tes documents sont bons, les policiers te les rendent et tu ressors libre.

Mais cela ne s'est pas passé exactement comme ça pour Oumar. Ses documents étaient faux. Mais les policiers l'ont laissé repartir avec, par erreur. Il est passé entre les mailles du filet. Cependant, quelques heures plus tard, le département demande à ce qu'il retourne à la police. Ce n'est pas dit clairement, mais j'imagine que le but est de le placer directement en garde à vue.

Oumar est en face de moi. Je lui explique tout ça. Je lui dis en toute franchise que ça ne sent pas bon.

— Je crois qu'à ta place, je n'irais pas.

Je plante mes yeux dans les siens en essayant d'être convaincante. Il faut qu'il me croie. Oumar décide d'y aller. Deux heures plus tard, la police nous appelle pour nous prévenir de sa garde à vue. Je lui en veux de ne pas m'avoir crue.

Mais Oumar a un petit ange au-dessus de ses épaules ce jour-là. Le procureur demande un test osseux, une radio du poignet censée estimer l'âge d'une personne, pour confirmer qu'elle est bien majeure. Verdict : dix-huit ans. La marge d'erreur doit profiter au jeune, donc dans le doute Oumar est relâché. Et mieux que ça, il est reconnu mineur. Le procureur ordonne son placement en foyer. En l'espace d'une journée, Oumar a été mineur, puis majeur, puis mineur.

Oumar revient nous voir au bureau. Son sourire lui dévore la moitié du visage. Il a eu chaud, et il le sait. Il comprend mieux pourquoi je lui avais conseillé de bien réfléchir avant d'y aller :

— Franchement, quand je me suis retrouvé en garde à vue, j'ai pensé à vous.

Béret

Quand on parle du loup, il pointe le bout de son nez : trois policiers frappent à la porte. J'étouffe un petit rire en notant, sur le document que je dois leur remettre, le nom du gamin qu'ils viennent de me conduire.

Ils sont rigolos les jeunes qui jouent avec la police en changeant leur nom. Un jour ils s'appellent Mehdi, le lendemain Ali et le surlendemain Mustapha. Ça permet de faire valser les amendes dans le train ou les petites condamnations pour vol à Carrefour. Comme ils sont mineurs, étrangers et sans parents en France, après avoir dressé l'amende qui ne sera jamais payée, les policiers nous les envoient. Du coup, on les accueille sous l'identité qu'ils présentent ce jour-là. Le mois dernier, « Ali Babouche » m'avait fait marrer. Mais il est détrôné par le petit rigolo d'aujourd'hui : « Mohamed Béret ».

Je l'imagine bien, Mohamed Béret, se balader avec un béret sur la tête et une baguette sous le bras. Manière de se moquer de ceux qui voudraient l'« assimiler », ou l'« intégrer » comme on dit aujourd'hui.

Sas de décompression

Alphabets

On frappe à la porte doucement. C'est un jeune Érythréen que j'ai déjà vu ce matin. Je lui avais écrit « GARE FERROVIAIRE » sur un papier, pour qu'il puisse prendre la route vers Calais. Son alphabet à lui, c'est le tigrinya. Ça ressemble à ça : በንጀኡር. Il ne sait pas reconnaître les lettres de l'alphabet latin. Dans le métro, c'est écrit « gare ferroviaire ».

Majuscules/minuscules.

Prenez cinq minutes pour y faire attention, vous verrez qu'elles ne se ressemblent pas du tout, ces arrogantes. Quand on ne connaît pas, ce ne sont pas les mêmes lettres. Et parfois elles m'énervent, les majuscules et les minuscules, quand elles s'amusent à mettre des cailloux dans les chaussures d'un ado de quinze ans qui a déjà traversé un désert et une mer.

Il revient donc me voir, désemparé. Je l'accompagne au métro. Ça ne fait pas partie des missions sur ma fiche de poste, mais tant pis. Je lui écris sur un papier : « Bonjour, je souhaite prendre le train pour Calais, pouvez-vous m'aider ? Merci. »

Si un jour vous croisez un jeune garçon à la peau café et aux cheveux frisés comme des ressorts, s'il est seul et sans bagages dans une gare, et s'il vous montre un petit bout de papier, pouvez-vous prendre le temps de l'aider ?

Diables

Alors que je suis à peine réinstallée au bureau, la porte s'ouvre violemment. Ali et Youssef entrent sans frapper et se plantent en face de moi. Ali vient d'arriver sur le territoire. Il est en attente de la décision du département confirmant, ou non, sa minorité. Il fait froid. Et il dort dehors.

Youssef vit en foyer. Il est français, d'origine algérienne. Il ne me dit pas pourquoi il a été placé en foyer. Peut-être parce que sa mère boit et que son père est violent. Ou parce que son père boit et que sa mère est violente. Ou parce que son père boit et violente sa mère. Il y a plein de combinaisons possibles pour que le juge décide à un moment qu'un enfant est en danger avec ses parents.

Youssef a les mains striées de petites coupures toutes fraîches. Il me dit qu'il va bientôt être placé dans un autre foyer, celui de la protection judiciaire de la jeunesse. Celui où les éducateurs essaient de rattraper les jeunes qui commettent des petits délits, avant qu'ils ne fassent pire et ne découvrent l'espace confiné d'une cellule de prison. Si Youssef est placé dans ce foyer, ça veut dire qu'il a fait une bêtise. Il ne me dit pas laquelle. Les coupures sur ses mains sont probablement liées à cette bêtise.

Hier soir, Ali a réussi à passer une nuit dans le foyer de Youssef. Ça arrive parfois, quand un jeune sans famille arrive après 22 heures dans un service de police. Il gagne son ticket pour une nuit au chaud. À 21 h 50, les policiers peuvent te remettre dehors. À 22 h 10, ce n'est plus possible. À 21 h 50, tu peux te débrouiller tout seul. À 22 h pile, tu es considéré comme « vulnérable ».

Ali et Youssef sont dans le bureau, donc. Regards de petits diables, tous les deux. Youssef me sert d'interprète.

— Ali, toutes nos chambres sont prises. La règle est claire ici. Si le jour de ton arrivée il y a une place, tu es hébergé le temps de la décision du département. Sinon, tu dois te débrouiller en attendant la décision. Voilà les raisons pour lesquelles on ne peut pas t'héberger ici. Youssef, tu peux lui traduire, s'il te plaît ?

— Ok. *Geltlik* [Elle t'a dit]...

Il s'arrête et s'adresse à moi :

— Franchement je peux pas traduire ça, ça fait trop mal.

— Explique-lui bien que ce sont mes mots, que c'est moi qui parle à travers toi.

Youssef souffle un grand coup pour se donner du courage et reprend :

— Ok. *Geltlik*...

Mais il se retourne à nouveau vers moi.

— Non, je peux pas. Je vous jure, il me fait penser à ma mère quand elle est arrivée d'Algérie.

Ses yeux s'embuent. Ali aussi a les larmes aux yeux. J'ai en face de moi deux petits diables tristes et fatigués. C'est contagieux, je rentre chez moi triste et fatiguée, aussi.

Mijeurs

J'en ai marre de dire aux gens que je ne peux rien faire pour eux et qu'ils doivent dormir dehors, encore. Ils ne peuvent pas appeler le 115, car c'est un service pour les majeurs. Ils ne peuvent pas exiger un hébergement en tant que mineurs – comme tout enfant français se retrouvant un jour dehors –, car ils ne sont pas encore reconnus mineurs par l'administration. Il y a donc un flou artistique durant cette période d'évaluation. Ils ne sont ni majeurs ni mineurs. Mijeurs, disent certains.

« Mais je vais aller où ? », cette phrase, toujours la même, acide. On n'a aucune réponse à cette question. Quand le département aura décidé, on en aura. Si mineur, foyer de protection de l'enfance. Si majeur, 115. Les places sont toujours prises et les chambres sentent parfois la pisse. Mais au moins ils peuvent tenter le coup. En attendant, pendant cette période où ils n'ont pas d'âge, rien. Sauf pour les quelques chanceux qui sont arrivés chez nous quand une chambre était libre. C'est juste une question de chance.

Pire encore, il y a ceux qu'on met dehors. Ceux qui étaient hébergés le temps de l'évaluation de leur situation et qui obtiennent une réponse négative. Considérés comme majeurs, ils n'ont plus le droit d'être hébergés chez nous. Je repense à Jules, le fils de pasteurs congolais. Un parmi d'autres. Je me demande s'il ramasse encore des miettes d'espoir, sur le sol de l'église où il dort.

Trop immergée dans mes pensées, je n'ai pas vu l'homme planté devant une porte, dans la rue, entouré de ses copains, comme une meute n'attendant que le passage d'une proie à sa hauteur.

Charmante

— Hey mademoiselle, vous êtes charmante franchement !

— Ta gueule !

C'est sorti tout seul. Je suis désolé pour toi, mais tu prends pour tout le monde. J'aimerais que tu te rendes compte, toi qui viens de m'interpeller, que juste avant j'ai dit à Ali qu'il dormirait dehors ce soir. J'aimerais que tu saches que j'y repense encore sur le chemin qui me ramène chez moi. Et j'aimerais donc que tu me laisses tranquille le temps du trajet. C'est toujours très énervant de se faire invectiver dans la rue par des inconnus. Mais quand on est en pleine discussion avec une conscience qui a été titillée toute la journée, c'est encore plus pénible.

Les gens m'énervent parce qu'ils ne savent pas. À quelques pas du bureau, ils sifflotent ou s'engueulent dans la rue, font leurs courses ou fument une clope, adossés au mur de leur immeuble. Comme si tout était normal. Ils ne savent pas. Ils croisent un jeune homme, un Ali, un Ibrahima ou un Salifou, sans le voir. Sans savoir.

Personne ne sait qu'aujourd'hui j'ai dit à plusieurs jeunes qu'ils dormiraient dehors ce soir, car le Conseil départemental refuse de débloquer des places d'hébergement supplémentaires pour les jeunes en attente de décision. Je l'ai dit à Ali, par exemple, le diable triste. À un autre, j'ai annoncé une bonne nouvelle, il est reconnu mineur isolé étranger. Oumar, le chanceux rescapé au test osseux. À un autre, une mauvaise : il est considéré majeur, il ne sera pas pris en charge en foyer. Ibrahima, avec ses trois actes de naissance maliens et ses chaussures à vendre. Certains se sont plaints du froid ou de la faim, un autre m'a fait des blagues, Mohamed Béret, certains ont pleuré, un autre s'est interdit de pleurer, Robel et les fantômes qui hantent son téléphone, d'autres ont demandé comment se rendre à Calais, je ne sais plus le prénom de ceux-là. Tous ont laissé un peu d'eux-mêmes sur mon bureau. Moi aussi, j'y ai laissé un peu de moi-même.

Alors il me reste le temps du trajet pour fermer la porte du bureau et ouvrir celle de ma vie normale, ma vie perso, ma vie sans exils et sans noyades, sans fautes d'orthographe dans les papiers d'identité et sans annonces qui mettent la vie d'autres gens par terre, ma vie sans viols sur mineures et sans inconnus qui pleurent dans le silence de la nuit.

C'est un sentiment assez banal chez le travailleur social, je crois. Chacun de nous, en rentrant, ferme la porte en y laissant derrière ses drogués, ses femmes battues, ses enfants délinquants, ses alcooliques, ses handicapés, ses SDF. Puis le retour à la maison fonctionne comme un sas de décompression.

Donc, sur ce chemin, je n'ai clairement pas envie ni besoin de savoir si je suis « franchement charmante », ou pas. C'est pour ça que ce « ta gueule » a sifflé aussi vite au visage de mon interlocuteur. Mais ledit interlocuteur ne veut pas se laisser faire :

— Vas-y, pourquoi tu me parles comme ça ?

Je respire un grand coup et tente un dialogue social :

— Parce que je suis fatiguée, j'ai eu une journée difficile et j'ai franchement pas envie de me taper ce genre de commentaires quand je rentre chez moi. Est-ce que tu penses honnêtement que ça me fait plaisir, ce commentaire ?

— T'as un problème, toi. T'es gouine, c'est ça ?

— C'est ça, oui. Allez, je vois que c'est pas possible de parler avec toi. Salut.

Si j'avais eu le temps, l'énergie et une envie folle de me réconcilier avec l'humanité, je lui aurais parlé d'Ali, d'Oumar, de Salifou, d'Ibrahima, de Robel, de Mathilde, de Pierre, de Fatoumata, de Mirjet et de Youssef. Et de tous les autres. Pour qu'il comprenne la violence de ces destins qui s'échouent sur les rives de l'administration française, sur les rives de notre pays à tous les deux, qui n'est pas leur pays à eux, ni à elles. Je lui aurais aussi raconté cette force, rare et précieuse, qui conduit ces filles et ces garçons à se relever, la tête haute, après les naufrages. Peut-être qu'il aurait compris.

Quelques centaines de mètres plus loin, alors que je bougonne dans mon écharpe au sujet de ce magnifique spécimen d'abruti, une idée me traverse l'esprit. Et si j'écrivais quelque chose, pour que les gens sachent, justement, ce qui se passe dans ce bureau ?

Les nuits libyennes

La main de Souley serre fermement celle de celui qui se fait appeler Mustafa. Le marché est conclu. Celui-ci lui a semblé plus fiable que les autres. Mustafa a tout d'un type normal : jean, maillot de football de l'AS Roma, cheveux bruns et plutôt courts, pas de barbe, pas de cicatrices, pas de vipères dans les yeux. Il a l'air honnête. Et c'est important, l'honnêteté. Car certains collègues de Mustafa prennent un acompte, puis disparaissent dans la nature avec l'argent. Tout simplement. Ils promettent un bateau solide, non surchargé, des gilets de sauvetage inclus dans le forfait, une arrivée certaine sur les côtes italiennes. Ils trouvent des gens pour leur faire confiance et disparaissent. Tout simplement.

C'est pourquoi Souley a hésité avant de faire confiance à Mustafa. C'est Abdou, le chef du ghetto où il dort, qui l'a convaincu. Abdou travaille régulièrement avec Mustafa. Il vante les qualités de ce passeur aux habitants de son ghetto. Souley s'est laissé convaincre. Il a confié à Mustafa tout l'argent qu'il avait gagné. Quatre mois à travailler dans les chantiers libyens. Et à dormir dans les ghettos. La peur de se faire racketter, toujours. L'angoisse de ne pas être payé à la fin de la journée de travail. « Si tu réclames, je te tire une balle dans le pied », lui avait dit l'un des patrons. Alors Souley n'a pas réclamé.

Mais il n'y avait pas encore assez d'argent. Souley a dû appeler son oncle, Hamidou, pour assurer le complément. Hamidou ne lui dira jamais comment il a fait, mais il a trouvé l'argent. Les billets confiés à Mustafa sont bien plus que des papiers imprimés de chameaux, de raffineries de pétrole et de minarets. Il y a dans ces billets la souffrance pour les obtenir, la peur constante de les perdre, l'espoir que ces bouts de papier l'amènent de l'autre côté. Il y a la dette qu'il a désormais contractée avec son oncle. Une dette qu'on ne mentionnera jamais mais qui pèsera sur les épaules de Souley jusqu'à ce qu'elle soit remboursée. Qui lui imposera de travailler rapidement à l'arrivée en Europe, avant que la famille ne commence à dire qu'il est devenu égoïste depuis qu'il est chez les Blancs.

C'est difficile de confier cet argent à quelqu'un. Mais Souley n'a pas le choix, alors il le donne à Mustafa, comme on confierait un enfant avant de partir pour toujours. Souley confie à Mustafa son argent et sa vie. Son arrivée de l'autre côté, vivant ou mort, dépend de la qualité du travail de Mustafa. Et de son honnêteté.

La bicoque gérée par les hommes de Mustafa est une maison de pêcheurs, près de la plage. Avec Souley, ils sont plus de quarante dans cette maison en bois. Voilà trois jours et trois nuits qu'ils attendent que la mer se lisse. Il faut qu'elle arrête de cracher des vagues. Il faut que le ciel se calme. Il faut que les étoiles percent les nuages. Il faut aussi que le partenaire de Mustafa, celui qui travaille dans l'armée, prenne son tour de garde. En échange de quelques billets, le militaire ferme les yeux sur les bateaux qui filent dans la nuit depuis la plage qu'il est chargé de surveiller. Tous attendent cette combinaison d'éléments favorables.

Souley sait qu'il y a d'autres maisons chargées elles aussi d'hommes en attente, pas loin. Tout le monde chuchote, mais l'accumulation de ces dizaines de murmures finit par créer un son aussi intense que des voix. Parfois, un cri claque au sein de cette couche de murmures. Un cri rauque d'un homme devenu fou, un cri aigu d'une femme qu'on touche – parce qu'une femme sur la route est une femme qu'on touche, toujours, tout le temps –, un cri éraillé d'un collègue de Mustafa, vomissant des mots enveloppés de haschisch, jouissant, les mains sur son arme, du contrôle qu'il exerce sur les hommes accroupis dans le noir. À chaque cri qui claque, Souley frissonne. Pas Abdoulaye. Rien n'atteint Abdoulaye. Il sourit, même aux armes des passeurs et à leurs yeux rougis. Pour montrer qu'il n'a pas peur.

Souley pense qu'ils sont une centaine dans ces maisons. Mustafa a donc dû prévoir plusieurs bateaux. Tous ont confié leur argent au passeur libyen. Une fortune. Environ mille euros par tête. Une réduction si la tête en question est celle d'un enfant. Si le temps est bon, ils partiront dans quelques heures. Souley n'est plus qu'un pion aux ordres de Mustafa et de ses collaborateurs. S'il décidait de changer d'avis, il ne pourrait pas sortir. Les hommes sont armés, ils maintiennent leur cheptel à l'intérieur. Il n'y a plus qu'à attendre. Les yeux fixés devant lui, dans le vide, Souley ouvre lentement les emballages de ses souvenirs libyens, encore trop vifs pour être manipulés sans précautions.

Souley pensait avoir compris le racisme en Algérie. La Libye est bien pire. Chaque soir, en rentrant des chantiers, il craignait de tomber sur ces bandes de jeunes qui s'amusent à taper, racketter ou kidnapper tous les Noirs qu'ils trouvent sur leur chemin. Souley a appris quelques mots en arabe, mais il aurait préféré ne jamais comprendre le sens de ces bruits qu'on lui a vomis au visage. Les mots que Souley a appris sont les mots « âne », « porc », « fils de chien » et bien d'autres qu'il souhaiterait faire disparaître de sa mémoire. Il espère qu'en Europe il ne sera pas considéré comme un animal.

La nuit où c'est arrivé était une nuit claire, de lune ronde. Le patron les a obligés à rester un peu plus tard, lui, Abdoulaye et trois autres. Souley et Abdoulaye rentrent ensemble, ils parlent de leur famille. Discuter en bambara leur permet d'oublier un peu les milliers de kilomètres qui se sont dessinés entre eux et les autres, entre ceux qui sont partis et ceux qui sont restés.

Abdoulaye commence une phrase sur sa petite sœur, la belle Aïssatou, gamine de cinq ans, sans savoir qu'il ne pourra pas la terminer. La barre de fer s'écrase dans sa bouche au moment où il prononce le prénom de la petite. Ce mot si parfait, ces huit lettres qui sont la plus douce des musiques pour un grand frère, ce prénom explose dans la bouche d'Abdoulaye. Le sang se répand sur les lettres en plein vol. Abdoulaye vacille. Un bruit sourd s'élève lors du contact de son crâne avec le béton.

De l'autre côté de la barre de fer se tient une main épaisse, nerveuse. Le regard de Souley fixe la main, remonte le long de l'épaule puis de la nuque et s'arrête enfin sur le visage de celui qui tient la barre et qui vient de frapper. La haine a gonflé les orbites et serré la mâchoire de cet adolescent qui doit avoir à peu près le même âge que Souley. Seize ans. Peut-être quinze ou dix-sept. La main se serre davantage, le muscle du bras se tend et la barre s'élève dans les airs. Après un léger temps d'arrêt, le côté maculé par le sang d'Abdoulaye se rapproche brusquement du visage de Souley. Son nez est fracassé sur le coup. Les deux sangs se mélangent sur la barre. Souley a cru entendre les os de son nez craquer, il ne sait pas bien. Il est par terre lui aussi. Les lumières jaunâtres de Tripoli dansent sur l'écran noir déroulé dans le ciel. Un moment se passe, quelques secondes ou quelques minutes, impossible de le savoir. Souley croit entendre une musique au loin. Il sent la main qui fouille ses poches et en retire les billets, mais il n'a pas la force de réagir. Le sang chaud évadé de ses narines roule entre ses lèvres. À un moment, il pense qu'il est mort. À un moment, il pense que ce n'est pas une mauvaise idée, de mourir.

La barre de fer se remet en mouvement. Elle cogne contre la hanche de Souley. L'ordre « relève-toi » ne lui parvient aux oreilles qu'à la troisième fois où il est prononcé. Souley obéit et retrouve ses esprits. Un nouvel ordre parvient alors à ses oreilles, qu'il n'aurait jamais voulu entendre. Jamais. S'il avait pu, Souley aurait planté un poignard dans le cœur de celui qui a osé lui demander ça. Dieu aurait su le pardonner, c'est certain, car la personne capable de prononcer un tel ordre n'est certainement pas un musulman, encore moins un humain.

Debout, tremblant, Souley relève la tête, essuie inutilement du revers de la main le sang qui n'arrête pas de jaillir de son nez, plante ses yeux dans ceux de celui qui porte la barre de fer. Sa respiration est très forte, l'air peine à circuler dans ses narines. À chaque souffle, il propulse des gouttelettes rouge foncé sur lui et sur le tee-shirt blanc de l'adolescent. Celui-ci répète l'ordre, en français, comme la première fois : « Pisse-lui dans la bouche, à ce porc, sinon je vous tue tous les deux. »

Au sol, Abdoulaye essaie de composer des mots. Ce ne sont d'abord que des sons indistincts, noyés dans la plaie qui lui sert désormais de bouche. Puis Souley parvient à déceler entre deux murmures de douleur : « Fais-le, s'il te plaît. » Souley refuse d'entendre ce que lui demande Abdoulaye, produit une série de « Non » inondés dans les larmes et le sang. Abdoulaye, lui, est étonnamment calme. Il prend le temps d'accrocher le regard épileptique de Souley et la force qu'il met dans ses yeux à cet instant-là interdit de s'en détacher. La voix qu'il enroule sur les mots est neutre, presque sereine : « Souley… Allez, fais-le. »

Souley secoue énergiquement la tête pour propulser ce souvenir hors de son crâne. Autour de lui, la scène est inchangée. Les gens attendent. Leurs corps agglutinés sont douloureux. La peur se promène d'un esprit à l'autre. Cette nuit, si le temps le permet, Souley et Abdoulaye seront sur le bateau. Mustafa, le passeur, lui a certifié sa solidité. Lui n'est pas comme les autres, il ne surcharge pas les bateaux. Enfin, c'est ce qu'il a promis.

Souley espère que ce sera un bateau en bois. Ou en métal. Pas un bateau en chambre à air. Sur les plages de Libye, il a vu les cadavres de ces bateaux gonflables, échoués comme des serpents crevés dans le sable. Où sont ceux qui étaient à bord ? Certains ont dû être sauvés. S'ils étaient assez loin des côtes libyennes, ils ont peut-être eu la chance d'être sauvés par la marine italienne et conduits en Italie. Peut-être. S'ils n'étaient pas partis assez loin, ou s'étaient trompés d'itinéraire, ils ont pu être recueillis par la marine libyenne. Alors ils sont allés en prison. Souley a entendu des choses sur les prisons libyennes. Il préfère ne pas y penser. Mais ces passagers n'ont peut-être pas été sauvés. Peut-être pas. Ils sont peut-être ballottés par les vagues, la peau grise et gorgée d'eau, les yeux ouverts sur leur mort.

Souley est extrait de ses pensées par les voix qui s'élèvent à l'extérieur de la maison de pêcheur. Est-ce que c'est le moment d'y aller ?

Toutes les étoiles étaient venues sur le toit

Poésie

Premier rendez-vous du matin avec Mamoudou. J'aime bien commencer une nouvelle journée avec un peu de poésie. Mamoudou m'en offre :

— Je suis monté sur un truc, je sais pas... c'était... comme un escalier qui court !

Mamoudou a découvert l'escalator. Il se trouvait à l'aéroport de Conakry, et la beauté des lieux lui faisait presque oublier le stress du voyage :

— Il y avait beaucoup de lumières. C'était très joli. C'était comme si toutes les étoiles étaient venues sur le toit.

Bienvenue

J'ouvre la porte à Marleine, petite boule d'énergie chaussée de Converse roses. Cheveux lisses, œil espiègle, sourire ravageur. Un membre prestigieux de la jeunesse dorée congolaise vient de faire irruption dans mon bureau.

Contrairement à la plupart des jeunes que je vois, Marleine n'a pas peur de son passeur. D'habitude, les passeurs exigent des jeunes qu'ils restent très flous sur le voyage : pour ne pas révéler leurs nouvelles techniques visant à tromper les douaniers et les policiers, pour ne pas se faire prendre. Mais Marleine a dû oublier les recommandations du passeur. Elle nous raconte les contrôles à l'aéroport dans tous les détails. Surtout ce moment où le policier français, passeport en main, doit être convaincu que la jeune fille en face de lui n'est pas Marleine mais Marie, jeune fille de nationalité française.

La technique est simple. Elle tient en trois acteurs. Le premier est une femme. Marie, jeune fille d'une vingtaine d'années, est vendeuse à Paris. Ses parents congolais lui ont donné la peau noire. On peut imaginer qu'elle porte fièrement sa couleur, qui témoigne du sacrifice de ses parents venus de Kinshasa quelques dizaines d'années plus tôt, et de l'honneur de n'avoir jamais baissé la tête devant ceux qui voudraient qu'elle ne soit pas vraiment française. Marie a sans doute du mal à boucler ses fins de mois. Alors elle a un petit travail parallèle, très simple à effectuer. Très risqué aussi. Son travail, c'est de prêter son passeport à un passeur, appelons le X.

X est l'acteur numéro 2. Son métier est de faire entrer des gens clandestinement en Europe. Il est passeur. Il est spécialisé dans les jeunes Congolaises. Il a plein de passeports de jeunes filles françaises à la peau noire, dont celui de Marie.

Le troisième acteur est aussi une femme. C'est Marleine, jeune Congolaise de seize ans. La famille de Marleine a payé X très cher. Il l'a promis, la technique est infaillible. Marleine voyagera avec un passeport en règle, aucun risque de se faire avoir. La seconde moitié du versement sur le compte de X se fera à l'arrivée de Marleine en France.

Ensuite, le jeu se met en œuvre. À Paris, X loue le passeport de Marie. Il voyage à Kinshasa. Il retrouve Marleine, la conduit à l'aéroport. Il lui confie le passeport de Marie. Le temps du vol, pour le personnel des douanes et de la compagnie aérienne, Marleine est Marie. Tout est légal : le passeport est authentique, son détenteur a le droit de voyager, le billet a été payé. Seule magouille, la personne qui voyage ce jour-là n'est pas le détenteur du passeport. Pour tout le monde, Marie est dans cet avion. Alors qu'elle est tranquillement dans sa boutique à Paris. À sa place, sur le siège de l'avion, une adolescente angoissée par le voyage : Marleine. Seul point commun entre Marie et Marleine, leur ressemblance.

Pour ces quelques heures où elle est une autre, Marleine a tout appris : la date de naissance de Marie, sa signature, son métier. Elle a travaillé son accent français en regardant France 24 et TV5 Monde. Il faut que le policier, membre de la police aux frontières, soit persuadé que la jeune fille en face de lui est Marie. Il a quelques secondes pour en juger, cet instant où il regarde Marleine à travers la vitre, le passeport de Marie en main. Et un échec ne se joue pas sur une date de naissance mal apprise. Un échec se joue sur une langue qui fourche un quart de seconde, une main qui tremble, un grain de peur qui se niche au fond du regard.

Mais Marleine a du bagou. Elle a l'audace intrépide d'une ado qui joue avec le feu sans jamais craindre la brûlure.

Elle arrive à la hauteur du policier français. Il regarde le passeport, regarde Marleine et lui demande de détacher ses cheveux pour comparer avec la photographie sur le passeport. Marleine sort alors sa plus belle carte : elle s'énerve.

— On m'avait dit : les Français sont comme ça, ils s'énervent tout le temps. Si tu râles, tu auras l'air française.

Bingo. Ce n'est pas Marleine qui s'énerve. C'est Marie, française mais noire, lassée de subir dix contrôles d'identité par semaine, révoltée par les autorités françaises qui la soupçonnent d'être une clandestine à chacun de ses voyages. Le policier sourit et lui rend le passeport. Bienvenue en France.

— J'avais envie de pleurer, j'étais trop contente !

Traversées

Le voyage en avion est réservé aux familles les plus riches, comme celle de Marleine. Celles qui peuvent payer un passeur et un voyage confortable, sans risques pour leur enfant. Pour les moins fortunés, il y a l'autre solution, plus économique mais terriblement plus dangereuse, le voyage par la terre et la mer. De deux mois à plusieurs années, selon le pays d'origine, le budget disponible et les aléas du parcours. Une longue odyssée s'étirant dans le sable ardent du Sahara et la houle virulente de la Méditerranée, qui laisse dans les esprits son lot de douleurs et de fantômes.

Alpha, le jeune qui a rendez-vous juste après Marleine, n'a pas eu la chance de voyager en avion. On lui demande donc de nous détailler son voyage depuis le Mali jusqu'en France. Alpha est très calme. Il dépose ses mots dans l'air avec la voix grave et sereine d'un chanteur de blues. Comme pour tout le monde, on l'a prévenu au début : essaie de répondre précisément aux questions, s'il te plaît, ça nous aidera pour la rédaction de tes déclarations. Le Sahara ? Cinq jours, en 4x4 avec les passeurs touaregs. La Libye ? Dix jours dans un ghetto, en attendant le feu vert du passeur. La Méditerranée ? Deux jours en zodiac, puis quelques heures sur le bateau des gardes-côtes italiens venus en sauvetage. L'Italie ? Quinze jours, dans un foyer d'accueil pour migrants. Ok, c'est noté. Puis une question nous revient :

— Mais au fait, il est où ton ami qui faisait le voyage avec toi ?

— Il y a deux personnes qui se sont noyées durant la traversée. L'une des deux, c'était lui.

Silence.

J'essaie de trouver les mots justes mais je ne trouve que « désolés ».

— ... Désolés.

Puis ma bouche enchaîne sur des mots maladroits et mal choisis :

— Pourquoi tu ne nous l'as pas dit avant ? Tu n'avais pas envie d'en parler ?

— Non, c'est pas ça.

Alpha relève la tête et plante ses yeux dans les miens avec une telle intensité que je crois que je baisse le regard.

— Vous m'avez dit de répondre à vos questions, non ?

— Oui.

— Vous ne m'avez pas posé cette question.

D'une phrase, Alpha pointe les dangers vicieux qui guettent notre manière de travailler : la routine et la précipitation. Deux à trois entretiens d'une heure et demie en moyenne, pour nous. Une journée pour rendre au département le rapport. Parfois, sur une phrase d'un ton sec, sur un souffle d'agacement, sur des yeux qui montent au ciel face à un jeune qui peine à raconter son histoire de manière cohérente, je prends peur. Qu'est-on en train de faire ?

Oui, c'est fatigant d'entendre toujours les mêmes histoires, surtout quand elles ont été vendues avec le passeur dans un cynique *package* « voyage + histoire » : en t'emmenant en Europe, il te raconte l'histoire que tu dois apprendre par cœur pour avoir plus de chances d'être reconnu mineur isolé. Alors ces histoires, on les connaît. Mais en face de nous, il y a un jeune pour qui c'est le moment décisif. Celui où il faut convaincre les interlocuteurs, nous, qu'il est bien un mineur isolé étranger.

La réalité des parcours de vie est souvent modifiée : il faut qu'elle s'adapte aux cases de l'administration, alors on la déforme pour la faire rentrer. On supprime des années de vie, car quand on a vingt-cinq ans et qu'on dit en avoir seize, il faut avoir préparé le coup. On dit que Maman est morte alors qu'elle vit à dix kilomètres, car si Maman est là, alors on n'est plus « isolé ». On dit qu'on s'appelle Boubakar alors qu'on s'appelle Ousmane, car le passeur vous refile l'acte de naissance qu'il a sous la main, il s'en fiche que ce ne soit pas votre nom.

C'est un jeu très difficile et très dangereux. Il ne faut pas se tromper. Ne pas s'embrouiller. Alors souvent, la panique envahit le bureau d'évaluation. Comme lors de l'entretien avec Adama.

Marathon

Adama entre, la confiance en lui au ras de ses semelles. L'homme, plus âgé que moi, est angoissé. Il sait déjà qu'il y a peu de chances que « ça passe ». Il a trente, trente-cinq ans peut-être, mais sûrement pas quinze. Et il sue, tremble et bafouille. Sa parole ne tient pas en équilibre, car les mensonges portés à bout de bras pèsent trop lourd. Elle est à deux doigts de basculer dans le vide. Ses mots sont des fourches qui râpent sur sa langue. Il ne sait plus ce qu'il faut dire.

— Tu avais quel âge quand tu as commencé l'école ? En quelle année ? Et quand tu as déménagé à Conakry, tu étais en quelle classe ? Tu avais quel âge ? Ton père est mort en quelle année ? Tu avais quel âge ?

Mes questions s'immiscent dans son cerveau comme des boulets de canon. Elles se cognent partout. Les mots ont chaussé des crampons. Ça lui crée un mal de tête terrible.

Il s'était probablement préparé à cet entretien pourtant. Tout le monde y était sûrement allé de ses conseils. « Tu dis que tu as quinze ans ; tu calcules bien tous les âges ; si tu as commencé l'école à six ans, du coup ça donne 2005 ; pour chaque question qu'ils te posent, il faut calculer. »

Ça paraissait simple hier et là ça ne l'est plus du tout. C'est la première fois qu'il se retrouve dans un bureau face à deux Blancs à raconter sa vie. Quand il faut la déformer, cette vie, pour essayer d'avoir l'air d'être âgé de quinze ans, c'est encore plus difficile. Et terriblement violent. On prend la gomme et hop, on efface ses enfants, sa femme, quinze ou vingt ans de vie. Sauf que la gomme n'efface pas les rides, la calvitie naissante, parfois les cheveux blancs. Elle n'efface pas non plus les attitudes. On sait quand on se parle entre adultes.

L'odeur de la transpiration envahit la pièce. C'est une lutte qui se joue, et le corps d'Adama est en train de le trahir. Tout ça me met mal à l'aise. Le système est mal fait. Pourquoi des hommes trentenaires viennent-ils s'humilier devant moi, jouer l'adolescent qu'ils ne sont bien évidemment pas ? Pour trouver une place au chaud. Pour avoir l'estomac plein. Pour espérer avoir des papiers un jour.

Car rien, ou presque rien, n'est prévu pour les jeunes adultes venus en France pour essayer de s'arracher à la pauvreté, ou tout simplement pour chercher une vie différente. Les personnes dont la vie est menacée dans leur pays d'origine peuvent déposer une demande d'asile qui, si elle est acceptée, leur donne le statut de réfugié. Les mineurs, peu importe leur pays de provenance et peu importent leurs conditions de vie dans ce pays, peuvent demander une protection par l'aide sociale à l'enfance. Il suffit d'avoir moins de dix-huit ans et de se trouver en France sans représentant légal.

Et pour les autres, les adultes qui ne sont pas explicitement en danger dans leur pays, rien. Mais la pauvreté n'est-elle pas aussi violente que la guerre ? Et que fait-on du droit à chacun à l'opportunité de chercher autre chose ailleurs ? Pourquoi les envies d'ailleurs des classes moyennes européennes sont-elles survalorisées, alors que celles des classes moyennes africaines ou asiatiques sont perçues comme un danger ? L'Europe ne veut rien savoir. Alors le système pousse les gens à mentir. À se faire passer pour des mineurs ou pour des demandeurs d'asile. C'est ce qui a poussé Adama à être devant nous aujourd'hui.

Dans ces cas-là, on respecte la procédure. On pose toutes les questions habituelles, comme si on avait un adolescent en face de nous. Situation absurde, grotesque. On joue un jeu, tous ensemble. Bienvenue au grand théâtre du mensonge, sponsorisé par l'administration française. Et on sait tous, au fond, qu'il risque d'y avoir un refus au bout de la procédure. À la fin de l'entretien, Adama est épuisé comme s'il avait couru un marathon.

Ce soir, je fumerai des clopes et je boirai de l'alcool. Les cigarettes pour griller les douleurs, l'alcool pour faire s'évaporer la sueur et les larmes. J'ai envie de danser, aussi. Et de caresser des corps qui vont bien. Ceux qui n'ont pas de cicatrices, ni sur leur peau ni à l'intérieur. J'espère que les souvenirs d'Adama ne viendront pas danser sur le comptoir du bar ce soir.

Un bateau entre ciel et mer

Une goutte d'eau salée vient de sauter sur son visage. Une seule, une anarchiste ayant décidé de s'extirper de la mer d'huile. La Méditerranée est calme. Le visage de Souley, non. Ses lèvres n'ont pas eu la force de se décoller l'une de l'autre, ni pour délivrer un mot ni pour faire glisser un peu d'eau dans sa gorge sèche. Sa mâchoire ne s'est pas desserrée depuis une dizaine d'heures. Depuis que les hommes de Mustafa sont entrés en hurlant dans la cabane pour leur dire de sortir. C'était le moment d'y aller. Ils pointaient leurs armes sur eux. Ils les ont fait courir sur la plage, vers la mer, comme des lapins traqués par des chasseurs. Ils riaient et criaient en même temps. Leurs regards étaient ceux des loups avides de chair, et la drogue avait déformé leurs mâchoires. Souley a voulu faire demi-tour quand il a aperçu le bateau. C'était un bateau gonflable, qui semblait minuscule et fragile dans la mer sombre. Il n'a pas pu se retourner. L'arme pointée sur lui l'a convaincu. Il est monté. Abdoulaye aussi. Il s'en remet à Dieu à présent.

Souley sent la peur partout, elle s'est imprégnée dans tout son corps, dans ses pieds, son ventre, sa tête. Il se force à ne regarder ni à droite, pour ne pas voir la mer immense prête à l'avaler, ni à gauche, pour éviter de croiser les regards apeurés des autres passagers, miroirs où Souley risquerait de se voir lui-même.

Devant lui, Abdoulaye agite ses lèvres doucement, il chante ou récite une prière, Souley ne sait pas. Régulièrement, il se tourne vers Souley, projette sur lui son regard réconfortant, le seul regard qui lui fait du bien sur la centaine de paires d'yeux écarquillés autour d'eux. Son sourire lui déchire joliment le visage, même si sa lèvre porte encore les stigmates de la barre de fer qui s'est écrasée là quelques semaines plus tôt. Souley a honte de lui, de sa faiblesse, de ses mains qui tremblent et martyrisent machinalement la fermeture éclair de sa veste. Il aimerait avoir la force d'Abdoulaye, cette sérénité face à la mort qui les nargue au fond de l'eau.

— Regarde, Souley.

Abdoulaye pose ses doigts sur les lettres inscrites sur l'épais rebord de plastique gris du zodiac.

— *Made in China.* Ça veut dire que c'est les Chinois qui ont construit ce bateau. Le monde est fou, non ? On est des Africains qui veulent aller en Europe et notre vie flotte sur un bateau chinois. J'espère qu'ils travaillent bien, les Chinois. Il faut que le bateau soit solide pour nous amener de l'autre côté.

Abdoulaye recommence à chanter. Il chante mal, il le sait, alors il rit souvent en entendant les fausses notes qui sortent de sa propre bouche.

— Je chante pour les Chinois, t'as vu ? Je prie pour eux. Tu crois qu'ils sont musulmans en Chine ? Bon, ils ont bien un Dieu. Prie pour nous, dieu des Chinois. Pour les remercier d'avoir construit un bateau bien solide, un bateau qui aime l'Europe et qui va nous conduire à la tour Eiffel, direct ! Tu crois qu'elle est grande comment, la tour Eiffel ?

Les mots d'Abdoulaye parviennent à arracher un sourire à Souley, mais il ne parle toujours pas. Sa mâchoire se crispe dès que ses yeux glissent sur les personnes autour de lui. Ils sont cent trois personnes dans ce bateau gonflable. Souley, Abdoulaye et cent un inconnus. Cent une autres histoires de vie, cent un autres espoirs d'Europe. Souley compte. Il y a huit enfants et une vingtaine de femmes. Les autres sont des hommes. La plupart doivent avoir entre vingt et trente ans. Il y a quelques hommes originaires de l'est de l'Afrique, reconnaissables à leur teint clair, leurs traits allongés et leur langue qui chante des syllabes inconnues. Ce sont probablement des Érythréens. Les autres sont tous de l'Afrique de l'Ouest : Sénégalais, Guinéens, Maliens, Gambiens. Il y a aussi des Camerounais. Les passeurs ont nommé capitaine un des passagers, un pêcheur sénégalais. En contrepartie, il obtient le droit de voyager gratuitement. Un téléphone satellite, une boussole et une torche lui ont été confiés. C'est la première fois qu'il navigue en Méditerranée et il a cent trois personnes à mener à bon port. Cent trois personnes, c'est beaucoup trop, Souley le sait. Il récite une prière dans sa tête, les lèvres toujours closes. Autour de lui, certains prient à voix haute. Tous ne s'adressent pas au même dieu. Les musiques des prières chrétiennes et musulmanes s'harmonisent doucement dans ce petit bateau posé entre le ciel et la mer.

— *God please help me... Bismillah ar-Rahman ar-Rahim...* Jésus-Christ le Sauveur, viens à notre aide... *God, I don't want to die today...* Seigneur Jésus... *La illaha illalah...* Que ton règne vienne, que ton nom soit sanctifié... Amen...

Souley ferme les yeux longuement et se force à ignorer le mélange d'eau de mer, d'urine et d'essence qui serpente à l'intérieur du zodiac et frappe par vaguelettes répétitives ses chevilles. Cent trois personnes. C'est beaucoup trop.

Des cris éclatent. Quelqu'un a sauté. Quelques minutes avant, il s'agitait, hurlait des choses incompréhensibles, des mots façonnés par la peur qui faisaient pleurer les enfants du zodiac. Ils sont huit, ils ont déjà peur, ce n'était pas la peine d'en rajouter, vraiment.

Il a hurlé que de toute façon ils allaient tous mourir. Que Dieu avait décidé de les appeler aujourd'hui. Il a sauté. Il s'est noyé. Son corps a été avalé par la mer. Le zodiac ne s'est pas arrêté. Indifférent, il a continué son tracé de mousse sur les courbures bleu marine de celle qui venait d'emporter un homme et ses rêves. Les lèvres de Souley se sont décollées pour la première fois, un cri venu de son ventre s'est évadé. Il a été surpris par sa propre voix. Abdoulaye s'est arrêté de chanter et son sourire s'est effacé.

Plus les lumières du jour s'enfoncent dans la mer, plus les vagues se gonflent. Souley se dit que la mer est encore plus grande et menaçante que le désert. Il espère ne pas mourir avalé par les langues d'eau salée qu'elle propulse inlassablement sur le bateau surchargé. La nuit tombe rapidement, d'un coup, comme dans le désert. Lorsque Souley s'imaginait sur le bateau, le film qu'il projetait devant ses yeux était toujours en couleurs. Naïvement, il n'avait pas pensé au fait que les quelques jours en mer allaient aussi apporter quelques nuits. Ce soir, ce premier soir dans l'immense mer entre l'Europe et l'Afrique, il garde les yeux grands ouverts. Ses pupilles sont dilatées jusqu'à l'excès, elles balaient l'horizon en quête d'une minuscule pointe de lumière à laquelle s'agripper. Mais, excepté la faible lueur émise par la torche du capitaine, le noir l'entoure, partout, la nuit entre en lui par les pores de sa peau.

Une envie de poser sa conscience sur le guéridon

Show

C'est le matin. J'ai un peu la gueule de bois et si le café n'a pas réussi à réactiver entièrement mes neurones abîmés par les bières de la veille, je peux compter sur Michel pour le faire. Michel a des épaules aussi carrées que celles de Laure Manaudou. Ses pectoraux gonflent son haut noir garni d'écritures à paillettes, trop moulant pour sa carrure. Son jean déchiré et délavé finit de compléter son look de *bad boy* tendance bling bling. Et Michel raconte son histoire en riant, en jouant avec le suspens, en ponctuant le tout de petites anecdotes bien choisies pour captiver son auditoire. Ce matin, c'est le *One Michel Show*.

Michel a passé plus de six mois dans la forêt de Gourougou, au Maroc. Il a tenté des dizaines de fois d'escalader la barrière pour entrer à Melilla, en Espagne. Il a échoué le même nombre de fois. Alors il a essayé une nouvelle technique : contourner la barrière par la mer.

— On est passés par l'eau avec des chambres à air autour de notre ventre pour pas se noyer. Peu d'entre nous savent nager. On a réussi à arriver sur la plage de Melilla. Quand tu arrives sur la plage, il faut surtout rester dans l'eau. Il y a la *guardia*, là, sur la plage. Tant que tu es dans l'eau, ils peuvent pas venir te chercher. Il faut attendre l'arrivée de la Croix-Rouge. Alors tu peux sortir sur la plage et la *guardia* peut plus rien te faire. On était là, dans l'eau, il y avait la *guardia* sur la plage. On se regardait en attendant la Croix-Rouge. Et on chantait ! On était heureux, heureux !

Il nous montre une vidéo sur YouTube prise par un vacancier sur la plage. Michel est dans l'eau, sa chambre à air autour de la taille. Ils sont une dizaine en tout. Ils chantent. Les forces militaires espagnoles – la *guardia civil* – n'ont pas le droit d'aller les chercher dans l'eau. Mais si Michel et ses camarades posent le pied sur la plage, ils peuvent être arrêtés. Ils attendent effectivement l'arrivée de la Croix-Rouge, car, une fois l'ONG sur place, ils deviennent inexpulsables pour un temps. C'est la règle. C'est absurde. Mais ça permet à Michel de chanter, alors c'est une belle règle absurde.

Liesse

Pour ceux qui réussissent à escalader l'immense barrière, c'est tout aussi folklorique. Je me souviens des explications de Yassa :

— Quand tu rentres à Melilla, il faut courir vers le centre des immigrés. Attention à la police que tu croises. Si c'est la *guardia civil*, ils peuvent te renvoyer au Maroc. Si c'est la *policía local*, ils t'emmènent au centre d'hébergement directement.

Yassa lui aussi a une vidéo à nous montrer. Naïvement, j'imaginais une scène tragique de personnes tremblantes de peur, cherchant à se cacher dans la ville pour atteindre le centre d'hébergement. Sur la vidéo, on voit une centaine d'hommes courir, chanter, s'arrêter à genoux pour une prière de quelques secondes, chanter encore, se prendre dans les bras et se taper dans les mains.

Marins

Pour ceux qui ne veulent ni contourner la barrière en bouée, comme Michel, ni l'escalader, comme Yassa, il y a une troisième solution : tenter la traversée de Tanger, au nord du Maroc, à Algésiras, au sud de l'Espagne. Une traversée risquée. Le détroit de Gibraltar, là où la Méditerranée embrasse le ventre de l'Atlantique, est connu pour ses courants sournois. Les rumeurs sur les meilleurs marins circulent. Sékou est malien. Son pays ne trempe dans la mer à aucune de ses frontières. Mieux vaut voyager avec un capitaine qui ne soit pas un compatriote :

— Il faut entrer dans un convoi de Sénégalais car ils sont meilleurs à l'eau.

Noirs

De retour au bureau, je feuillette le dossier de Sékou pour rédiger le rapport qui sera envoyé au département. Je m'attarde un instant sur sa carte d'identité. Un document plié en deux, couleur cuir sur l'extérieur, jaune sur l'intérieur. Comme un passeport auquel on aurait retiré les pages.

Teint :
Cheveux :
Signes particuliers :

Elles sont surprenantes les cartes d'identité du Mali. Après les traditionnels noms, prénom, adresse, etc., il y a toujours ces trois catégories qui me font rire bêtement. Car à chaque fois, sans exception, c'est écrit :

Teint : Noir
Cheveux : Noirs
Signes particuliers : Voir photo.

Nomade

De petits coups délicats résonnent à la porte. Hassan est à l'heure pour son rendez-vous. Je range le dossier de Sékou et prépare celui d'Hassan. Lui n'a aucun document d'identité. Il va devoir convaincre le département de sa minorité uniquement par ses mots, que je recueille aujourd'hui.

Hassan vient du Tchad. Il parle l'arabe tchadien et soudanais car il vit près de la frontière. À quelques kilomètres de chez lui, en enjambant la rivière frontalière, il y a une région qui sonne comme un titre de JT sur TF1 : Darfour. Hassan a les mains épaisses et ridées d'un paysan. Et une fragilité au fond de son regard noir charbon. Là, tout au fond, quand il plante ses yeux dans les miens, elle est là, la douleur. Bien installée. Prête à trimbaler son bouquet d'épines dans la tête d'Hassan.

Hassan et sa famille étaient nomades. Six mois à suivre les bêtes au fil de leurs pâturages, six mois à la maison. Au village, pas d'école, seulement une, ouverte tous les trois jours, dans la ville la plus proche. Hassan n'y va pas.

Un jour, des hommes venus du Darfour traversent vers le Tchad. Ils pillent les villages frontaliers. Panique. Les hommes à qui des bêtes ont été volées se vengent sur les villages voisins. Ils arrivent, armés, chez Hassan. Ses deux parents sont tués sous ses yeux.

Je marque une pause avant d'oser libérer la question suivante.

— Et ton petit frère ?

— Je ne sais pas. Je n'ai pas pu le prendre.

Hassan fuit. Dans la chaotique Libye post-Khadafi, il ramasse des dattes dans une palmeraie où les balles tombent davantage que la pluie. Il s'embarque en zodiac. Vomit pardessus bord.

Les larmes s'échappent au coin de ses grands yeux. Je rapatrie les miennes à l'intérieur. À la fin, Hassan demande pudiquement s'il y a un endroit où se laver car sa religion exige d'être propre pour prier. Il est inquiet car il pense que c'est interdit de prier dehors.

— Je peux te donner l'adresse d'une mosquée si tu veux.

— Oui, je veux bien. Je ne savais pas qu'il y avait des musulmans en France.

En sortant de ces deux heures dans l'intimité d'Hassan, une bonne nouvelle : on a de la place pour le faire dormir chez nous. Ses yeux s'embuent à nouveau, de soulagement cette fois. En montant les marches qui mènent à sa chambre, on discute avec plus de légèreté. Je lui dis mon prénom. On respire, tous les deux, en rigolant car Hassan découvre ce qu'est une housse de couette.

Je le laisse s'installer. Trente minutes plus tard, il descend dans le bureau. Il me demande si je veux bien écrire mon prénom sur un papier :

— Pour pas que je l'oublie.

Sabotage

Les mots d'Hassan déposent un peu d'humidité au fond de mes yeux, mais les coups secs portés à la porte m'obligent à me ressaisir. Je cligne rapidement des paupières et me lève.

Vu la force du poing qui s'abat sur la porte, c'est très certainement la police. J'ouvre.

L'homme qui se tient entre les trois policiers est Adama. Adama, celui qui suait et tremblait devant moi car il savait très bien qu'il y avait peu de chances que je croie à sa minorité. Adama est déjà passé dans notre circuit ; il s'est présenté comme mineur isolé étranger, a eu son rendez-vous d'évaluation, a eu une réponse négative du département. Pas considéré comme mineur, il est donc expulsable. Mais les policiers ne le savent pas. Ils escortent Adama chez nous, probablement suite à un contrôle d'identité, comme s'il venait d'arriver sur le territoire en tant que mineur. Donc inexpulsable le temps de la procédure visant à savoir s'il est vraiment mineur et isolé.

Nos regards se croisent. Ses yeux dessinent les mots :

— S'il te plaît, fais semblant.

Je lui demande son nom, comme s'il m'était inconnu. Je dis aux policiers que je m'occupe d'ouvrir la procédure pour Adama, qu'ils peuvent s'en aller. Serrage de mains. Au revoir. Clac. On sourit. Je lui sers un thé.

— Comme tu le sais, je ne peux pas t'aider davantage. Tu as eu une réponse négative la semaine dernière. Je peux simplement te souhaiter bonne chance, et fais attention à la police.

— Oui, je sais. Merci. Au revoir.

Un petit boulon saute sur les rails de l'expulsion. En réalité, je sais que je répare un morceau de ma conscience en aidant Adama à échapper à la police. Car la semaine dernière, dans une situation identique, j'ai dit aux policiers que je connaissais déjà le jeune qu'ils me conduisaient. Peut-être parce que je n'avais pas assez réfléchi, peut-être par crainte, je ne sais pas. Les policiers étaient repartis avec lui, et j'y avais beaucoup repensé, avant de m'endormir.

Les coups qui résonnent à nouveau sur la porte sont beaucoup plus faibles, désordonnés. Ils sont nombreux et l'espace entre deux coups est irrégulier. Jamshid, jeune Afghan hébergé dans notre structure, entre.

Jusqu'à dix

D'habitude, il peste, Jamshid. Aucun mot ne sort de sa bouche, seulement des sons, quelques enchaînements de syllabes, parfois des débuts de mots ou de phrases en pachtou, je suppose. Ça le rend fou, Jamshid, que son interlocutrice ne comprenne rien. Il place la main devant sa bouche, mime d'en sortir quelque chose, d'arracher les mots au fond de sa gorge, mais non, rien ne sort. Rien que je puisse comprendre. Il secoue la tête, dépité.

Il est fatigué, Jamshid. Fatigué de ne pas avoir de mots. Fatigué aussi de sa peau qui le démange. Il se gratte jusqu'au sang. La gale le dévore. Et quand les petites bêtes cessent de mordre sa peau, quand elles lui offrent un répit, ce sont d'autres bêtes qui prennent le relais. Des bêtes fantomatiques qui peuplent ses souvenirs. La nuit, elles fourmillent dans son crâne, elles lui font revoir les talibans, la fuite dans les glaciales montagnes d'Iran, les policiers turcs, le bateau, minuscule dans la mer Méditerranée, le container du camion et l'air qui manquait dans ses poumons. Les bêtes qui hantent ses souvenirs lui font mouiller ses draps, de sueur et d'urine. Quand les souvenirs sont trop venimeux, le corps de Jamshid le lâche.

Mais aujourd'hui, il est fier, Jamshid. Il rentre de l'école. Deux bénévoles, infatigables enseignantes à la retraite, donnent des cours de français dans le sous-sol décrépit de l'immeuble d'en face. Jamshid rentre de l'école avec un sourire, inconnu jusqu'à présent sur son visage aux traits sombres. Il s'installe en face de moi, debout, droit comme un piquet, les mains jointes, le menton relevé. Il inspire un grand coup puis, d'un seul souffle, lâche :

— Un, deux, trois, cinq, quatre, sept, six, huit, neuf, dix !

Archers

Le sourire immense de Jamshid croise les yeux froncés de Moussa, qui vient d'apparaître à la porte restée ouverte. Jamshid s'éclipse. Moussa est en colère. Il a eu une réponse négative la semaine dernière. Il revient pour avoir une photocopie car il a perdu le document. Pendant que je lui fais sa photocopie, un collègue entre dans le bureau et s'adresse à Moussa :

— Bonjour, on se connaît pas, si ?

— Si, on se connaît.

Moussa prononce ces mots en regardant droit devant lui, sans regarder mon collègue. Des flèches pointent en bordure de ses yeux noirs. Les arcs sont tendus. Les archers prennent leurs marques sous ses sourcils froncés.

— Ah bon ?

— Oui. C'est vous qui m'avez posé des questions, quand j'ai fait le rendez-vous ici.

— Ah bon ? Je t'ai oublié alors !

Il ne détourne pas le regard et ordonne aux archers de lâcher leurs flèches :

— Moi je ne vous oublierai jamais, monsieur.

Guéridon

C'est vrai que l'on oublie souvent les visages et les histoires des jeunes. C'est vrai qu'eux ne nous oublient pas. On a entre les mains une partie de leur destin, ils ne peuvent pas nous oublier. Selon le rapport que l'on envoie au département, selon les éléments qui sont fournis, selon les papiers d'identité qu'il présente, le jeune aura une réponse positive ou négative. Mineur ou majeur. S'il a une réponse positive, il est placé en foyer, il va à l'école, il est inexpulsable. En cas de réponse négative, c'est la vie qui se prend les pieds dans le tapis de la France. Il est sans papiers, à la rue, la peur se régale au quotidien dans son ventre et la honte l'empêche de répondre aux numéros de téléphone qui portent l'indicatif de son pays.

On a entre les mains une partie de leur destin. Ce destin qui bascule s'ils ont plus de dix-huit ans. Pourtant, rien ne permet d'établir de manière fiable l'âge d'une personne.

Au niveau biologique, un os situé au niveau du poignet est censé arriver à maturité à dix-huit ans. Une radiographie permettrait donc d'évaluer l'âge d'une personne. La marge d'erreur ? Plus ou moins dix-huit mois. La population sur laquelle est fondé le référentiel ? Des enfants blancs bien nourris, en 1930. Nombreux sont les médecins qui, à raison, ont élevé la voix pour s'indigner contre cette pratique douteuse, où la science qui soigne devient un outil qui expulse.

Au niveau des papiers d'état civil, la fiabilité est fragile. La plupart sont émis dans des pays où la corruption est une discipline nationale, où l'on peut acheter un acte de naissance au marché, où les enfants ne sont pas forcément enregistrés lors de leur naissance, où les registres d'état civil brûlent ou disparaissent.

Au niveau de l'apparence physique, peu d'éléments crédibles sur lesquels se fonder. Certes, la distinction entre un trentenaire et un préado ne pose *a priori* que peu de difficultés. Mais pour les autres ? Ceux à qui on donnerait seize ans comme vingt-cinq ? Ceux qui « font plus grands » ou « plus petits » que leur âge ? Sans oublier l'œuvre de la souffrance, la fatigue ou la peur qui labourent les visages, étirent les traits et creusent des rides… Qui suis-je pour affirmer que Soheib « fait jeune » alors que Mustafa « fait vieux » ?

Au niveau du récit de vie, on est chargés d'observer si l'histoire est « cohérente ». Mais là encore, quelle fiabilité ? Le jeune éduqué saura jongler sans problèmes avec les dates et les âges, calculer, trouver la réponse attendue, là où l'analphabète n'y arrivera pas.

Rien de fiable, donc les textes régissant l'accueil des mineurs isolés étrangers, et notamment la circulaire Taubira du 31 mai 2013, recommandent l'utilisation d'un « faisceau d'indices », merveille juridique permettant de piocher des éléments qui, seuls, ne prouvent pas grand-chose, mais, combinés à d'autres, commencent à peser. Une tambouille intellectuelle : on regarde les papiers, les déclarations, l'apparence physique, l'attitude. On fournit tous ces éléments au département dans un rapport chargé de faciliter la décision. C'est donc lui, le département, institution sans visage ayant la capacité de trancher des destins dans le vif, qui est le décideur final. Ça nous protège. On essaie de se convaincre que ce n'est pas notre impression subjective qui joue.

Quand on rentre chez soi, on a parfois envie de poser sa conscience sur le guéridon avec les clefs. Ça ne fonctionne pas souvent… En plus, je n'ai pas de guéridon. C'est juste que j'aime bien ce mot. Heureusement, ça sent la soupe au potiron quand je passe le pas de la porte. Je peux peut-être essayer de noyer ma conscience dans la soupe au potiron, à défaut de guéridon.

Premiers pas sur le sol européen

Souley place sa main droite sur sa poitrine pour vérifier qu'il est encore vivant. La paume de sa main perçoit les soubresauts de son cœur. Il est donc vivant. Les pulsations sont très rapides. Il a donc encore peur.

Le bateau des gardes-côtes italiens est beaucoup plus stable que le zodiac, Souley sent à peine qu'il est encore sur la mer. Assis sur le pont, réchauffé par la couverture dorée qui entoure ses épaules, Souley fait abstraction de toute l'agitation autour de lui. Les pleurs des enfants, les prières des parents et les ordres des gardes-côtes s'évanouissent dans la brume matinale. Il y a un groupe qui chante *One love* sur du son craché par un téléphone. Mais Souley ne les entend pas non plus.

Des images surgissent par intermittence devant ses yeux. Il voit la mer qui se faufile dans le zodiac, les passagers qui écopent, les prières qui se font plus fortes, le bateau qui se dégonfle, les larmes qui roulent, les vagues qui s'élèvent, Souley comme dans une bulle, comme s'il n'était pas là. C'est comme un film, je ne vais pas mourir puisque ce n'est qu'un film, s'est-il dit, ses chevilles sous l'eau, puis une voix au loin, en anglais, *Don't move*, surtout ne bougez pas, quelqu'un a traduit, des mouvements dans le zodiac, il y a un bateau là-bas, c'est le bateau qui vient suite à l'appel qui a été lancé par téléphone satellite, comme les passeurs avaient dit de le faire, *Seigneur Jésus*, tout le monde se met à bouger alors qu'on a dit de ne pas bouger, ça tangue encore plus, on va tous se noyer si vous vous agitez comme cela, *Dieu est grand*, quelqu'un a crié, certains ont sauté pour rejoindre le bateau à la nage, *God help me*, Souley ne sait pas nager. Il faut rester dans le zodiac le plus longtemps possible, se dit-il, et cette main qui se tend, *Come, come, keep calm*, Souley essaie de l'attraper, mouline dans le vide, puis il y arrive, il l'empoigne. Les mains glissent et se séparent. Souley trébuche. Il est à califourchon sur le boudin qui ondule comme un énorme ver gluant. On lui lance un gilet de sauvetage, qu'il enfile comme il peut. Il tend la main à nouveau. Il trouve une autre main pour l'accrocher, une main d'un homme en combinaison blanche, Souley a vu ses yeux bleus, *Vieni con me, bene*, il trouve cette main et ne la lâche plus jusqu'à ce que son pied se pose dans le bateau.

Il est donc vivant.

Une autre série d'images arrivent dans son esprit, les images du mauvais film, celui que Souley aurait aimé ne pas voir. Ce mauvais film qui le fait vomir, là, sur le bateau des gardes-côtes italiens, ces images acides comme le liquide qui vient d'être propulsé dans son œsophage puis sa gorge.

Il y a d'abord une première image, celle des yeux d'Abdoulaye, la peur dans ses yeux, comme jamais il ne l'avait vue, la peur omniprésente, violente, perverse. La peur qui se régale de voir l'eau entrer dans le zodiac, qui se gonfle comme les vagues, qui martyrise le cœur d'Abdoulaye en le forçant à cogner toujours plus fort dans sa poitrine. Il y a la deuxième image, celle d'Abdoulaye qui se débat dans l'eau comme un pantin désarticulé, ses bras, ses jambes et son visage émergeant tour à tour de la mer sombre et infinie. La jambe plonge et le visage apparaît, la jambe apparaît et le visage plonge, les bras frappent l'eau, giflent la mer, essaient de la dominer. La mer roule sur le corps, elle joue avec lui, le remonte à la surface puis l'entraîne vers le fond. Le visage d'Abdoulaye réapparaît, plus proche du bateau cette fois. Souley tend son bras le plus possible, jusqu'à l'élongation. Il s'allonge dans le bateau pour étirer son corps davantage et tenter d'attraper la main d'Abdoulaye. Il manque quelques dizaines de centimètres, et les mains s'agitent ridiculement dans le vide.

Une immense masse surgie de nulle part frappe soudain Abdoulaye. C'est un homme. Pour rester à flot, il appuie sur le crâne d'Abdoulaye, devenu bouée de sauvetage. Souley hurle mais il ne sait pas si des mots sortent de sa bouche. Il maudit cet homme, veut le voir brûler en enfer. L'homme enfonce à nouveau le crâne dans les vagues. Il halète et tousse. Ses yeux exorbités indiquent que la panique a totalement pris possession de lui. Il lutte instinctivement pour sa survie, sans comprendre qu'il plonge une autre vie dans les ténèbres.

Le visage d'Abdoulaye émerge quelques secondes, les yeux immenses et la bouche pleine d'eau, puis replonge, plus longtemps cette fois. Souley perd Abdoulaye du regard, son souffle se coupe, il ne sait plus lequel de ces pantins il doit regarder, parmi cette dizaine de corps qui luttent pour leur survie à cet instant précis du film. C'est aussi à cet instant que la main se tend, *Come, come, keep calm,* et Souley sait qu'il faut la saisir avant qu'il ne soit trop tard.

Et il y a la troisième image, la dernière, celle de la scène finale, cette image du visage d'Abdoulaye à nouveau. Allongé sur le pont, apaisé, détendu. Immobile entre les hommes qui s'agitent autour de lui. Les yeux clos. Puis un drap sur son corps. Souley vomit à nouveau.

Paradoxalement, c'est lorsque son pied prend contact avec le goudron que Souley sent son corps qui tangue. Il a rêvé cent fois de ce moment où il poserait ses pieds sur un sol européen. Mais la réalité prend une autre teinte. Souley ne parvient pas à prendre totalement conscience du fait qu'il est arrivé. Quelque chose en lui est absent, comme s'il débarquait d'un voyage auquel il n'aurait pas choisi de participer. La solitude l'enveloppe dans son manteau glacé. Certains chantent autour de lui. D'autres pleurent. On lui glisse des sandales aux pieds. Ses pieds avancent. Il y a beaucoup de gens. Et de grandes tentes blanches.

La fatigue, la peur et la mort d'Abdoulaye ont imprimé des fissures rouges dans ses yeux, qui peinent à recevoir les premières images européennes. Le gris est dominant. Le sol, les bâtiments portuaires, le ciel, les yeux de l'homme qui lui demande son identité : gris. Du gris aussi sur sa peau, auréoles d'eau salée séchées. Comme un tatouage créé de force par la mer, comme pour dire qu'elle n'a pas totalement perdu le combat, comme pour rappeler qu'elle a avalé un ami.

Les yeux de Souley parviennent à identifier deux autres couleurs dominantes, le blanc et le rouge. Le blanc de ces hommes et ces femmes qui l'entourent. Du blanc sur leurs corps, recouvert d'une combinaison qui les engloutit jusqu'aux cheveux. Du blanc sur leurs mains, des gants, et sur leur bouche, des masques. Le rouge qui s'étale sur une croix, portée sur l'uniforme d'autres femmes et d'autres hommes. Les bras qui s'échappent de ces uniformes distribuent à boire et à manger. Souley n'arrive pas à boire et à manger, pas encore, pas maintenant.

Les yeux gris observent Souley avec insistance. Il se sent nu, désemparé, faible. Il sait qu'il ne doit pas dire son vrai nom. On lui a expliqué que s'il disait son nom et son âge, seize ans, presque dix-sept maintenant, aux autorités italiennes, il serait obligé de vivre en Italie et ne pourrait jamais habiter en France. Or Souley veut la France : il parle français, pourquoi irait-il ailleurs ? Mais Souley sait aussi qu'un bon musulman ne ment pas. Alors quand les yeux gris l'interrogent, surmontés de sourcils dont l'un s'élève plus haut que l'autre, marquant l'impatience de leur propriétaire, Souley hésite un instant. Il récite une prière intérieure, ignorant que ses lèvres se mettent en mouvement, suivant malgré lui les courbures des mots prononcés dans sa tête. Puis ses lèvres s'ouvrent en plus grand, pour prononcer les mots :

— Abdoulaye Konaté.

— Nationalité ?

— Je suis un Guinéen.

— Âge ?

— Vingt ans.

Des rêves étonnants

Esclave

Boubakar est hébergé chez nous. Il est plus âgé que moi, j'en suis sûre, mais il dit avoir seize ans. Il ne dit jamais bonjour, daigne nous adresser la parole uniquement lorsqu'il a quelque chose à demander. Il sourit aux autres, mais jamais à nous.

Boubakar a rendez-vous avec la police aux frontières. On lui explique les enjeux, comme toujours. Il y va. Peu après, on apprend par les services de police qu'il est placé en garde à vue. La suite, on l'apprendra par Boubakar lui-même.

Boubakar revient révolté dans le bureau. Il nous en veut car on ne l'a pas prévenu de ce qui allait se passer. On ne l'a pas prévenu que des tests médicaux allaient être faits. On ne l'a pas prévenu car on ne savait pas.

Quand le procureur a un doute sur la minorité, il peut exiger un test médical pour vérifier que le développement corporel correspond à l'âge annoncé. On connaissait le test osseux par radio du poignet. En revanche, on ne connaissait pas le test médical complet. Le *all-inclusive* concocté par notre administration. Il y a plusieurs parties du corps qui se modifient avec l'âge. Il y a l'os du poignet. Il y a les dents de sagesse. Et il y a les testicules.

— On m'a mis tout nu devant deux femmes ! Vous m'avez pas dit qu'ils allaient faire ça !

Un instant, je m'imagine en situation inverse. Je me retrouve dans un pays inconnu, je réduis mon âge pour tenter de m'en sortir, je vais à la police pour faire contrôler mes documents et je me retrouve face à deux hommes qui ne sont ni de mon pays ni de ma culture. Et ces hommes observent mon corps. On m'a dit que j'allais mettre mon poignet sous une machine et en fait je me retrouve nue.

Boubakar a de quoi être énervé, c'est l'humiliation qui resurgit avec le masque de la colère. Il a le sentiment qu'on l'a trahi en ne le prévenant pas. Honnêtement, on ne savait pas. Il s'en fout, ne nous croit pas. Il a le droit. Et cette phrase, à la fin :

— Vous croyez quoi ? Que je suis un esclave ?

Boubakar jette les clefs de sa chambre au sol, claque la porte et, pendant plusieurs minutes, personne ne parle dans le bureau. Le mot « esclave » reste stagner dans l'air, il siffle dans les oreilles et colle aux pensées.

Le silence est rompu par trois petits coups à la porte. Le rendez-vous de 10 h 30.

Vaudou

Avant d'ouvrir, je me prends à espérer que ce soit facile, que ce soit un « vrai » ou une « vraie » mineure, qu'on puisse au moins avoir l'impression d'aider un adolescent et non de contribuer malgré nous à alimenter la machine à expulser des sans-papiers. En ouvrant la porte, je suis happée par le regard de Resistance.

Malheureusement cette jeune femme porte bien son prénom. Sa vie est une course dans une forêt d'enfer et d'épines. Resistance est nigériane. Elle n'est très probablement pas mineure, mais aujourd'hui j'aimerais que ça ne compte pas. Je l'écoute avec attention, car elle mérite au moins que quelques oreilles prennent la peine d'entendre son histoire.

Resistance est venue en France avec une passeuse-maquerelle nommée Victoria. À l'arrivée, Victoria lui réclame 10 000 euros pour rembourser les coûts du voyage. Pour réunir cette somme, la solution est servie sur un plateau d'argent par Victoria : Resistance va se prostituer, gagner chaque euro en laissant des hommes percer son corps.

Pour être sûre que Resistance ne s'enfuie pas, Victoria utilise un grand classique : le vaudou. Elle lui prend une mèche de cheveux et lui jure que, à la première tentative de fuite, un sort sera jeté sur elle et sa famille. Resistance y croit. Elle sait que c'est la vérité. Victoria parfait sa domination sur la jeune femme en lui creusant trois entailles sur l'épaule, au rasoir. Le berger marque ses moutons, la maquerelle marque ses putes. Toute sa vie, Resistance gardera ces trois cicatrices. Elle portera au creux de sa chair la violence de cette femme, la violence de vendre chaque jour son corps sur le grand marché du sexe européen, où la jeune Africaine est bien cotée.

Aujourd'hui, il faut faire notre travail et je n'en ai pas envie. Il faut expliquer à Resistance que, au vu des incohérences d'âge dans son récit, de ses papiers, de son apparence physique, le département risque d'avoir des doutes sur sa minorité.

Ses yeux crient. Je n'ose pas affronter son regard. Mon estomac se noue. Ce midi, je n'ai pas faim.

Plafond

Un peu plus tard, je repense au projet professionnel de Resistance, celui qu'elle veut construire si elle échappe un jour aux griffes de sa maquerelle.

— Mon rêve, c'est de travailler dans un supermarché.

À la fin de l'entretien, on demande toujours aux jeunes leur projet de vie en France. Quasiment systématiquement, ils nous répondent dans un premier temps « n'importe quel travail qu'on me donne » ou « ce que vous voudrez, je le ferai ». Puis, quand on creuse un peu, ils nous nomment toujours les mêmes métiers : caissière, plombier, électricien.

Ils sont déjà conditionnés à rester en bas de l'échelle. À s'agripper au premier barreau avec toute l'énergie du désespoir pour ne pas tomber la tête dans le caniveau. Le plafond de leur rêve est bas. La France l'a enfoncé avec ses gros sabots. Tu es immigré, tu feras un travail d'ouvrier.

Mais ces jeunes n'ont pas le choix. Ils sont en Europe. Ils doivent réussir. Ils portent souvent sur leurs fines épaules l'espoir de toute une famille. Ceux-là n'ont pas le droit à l'erreur. Ils doivent réussir à rester en Europe, travailler, envoyer de l'argent. Ce sont ceux qui n'arrêteront pas de faire leurs devoirs le soir avant que l'éducateur ne vienne éteindre la lumière, ceux qui accepteront tout, même les injustices, ceux qui ne feront jamais un pas de travers par peur de l'échec. Les enseignants connaissent bien ces élèves studieux, si différents de leurs camarades de classe, ces élèves qui apprennent le français en deux mois et qui sont d'une politesse hallucinante, si étonnante dans la bouche d'un adolescent. Ceux-là n'ont pas le droit à l'erreur, jamais. Alors ils ont des rêves étonnants, comme celui de ramasser des poubelles ou de faire passer des objets devant une caisse enregistreuse.

Bleu schtroumpf

Des coups résonnent doucement sur la porte. Soumaïla, un jeune hébergé chez nous, vient me voir parce qu'il a « besoin de bonbons ». Son niveau en français, une langue qui n'est pas la sienne, n'est pas assez développé pour qu'il puisse faire la distinction entre « envie » et « besoin ». Mais j'aime bien le fait qu'il ait « besoin de bonbons », ça remet des paillettes d'enfance dans la vie de ce grand gaillard que la souffrance a fait grandir beaucoup trop vite.

Soumaïla a besoin de bonbons, et je me rends compte qu'il aurait aussi besoin de se couvrir davantage, car le froid est mordant. On va dans la remise pour chercher une écharpe, un bonnet et un manteau. Soumaïla essaie différentes couleurs et vérifie auprès de moi que ça lui va bien.

— Pas l'écharpe noire parce que ma peau c'est déjà noir, ça va pas.

Logique implacable. Soumaïla choisit un bonnet bleu schtroumpf, une écharpe grise et un manteau bordeaux. Il me demande une dernière fois si je suis sûre que les couleurs vont bien. J'acquiesce. Ça lui va très bien. Je suis contente qu'il se préoccupe d'être beau. Qu'il se préoccupe encore des couleurs qu'il porte. Qu'il me demande si le bleu schtroumpf lui va mieux que le blanc. Parce que, pour quelqu'un qui a vu la mort de tout près, je me dis que ça ne doit pas être si évident que ça, de se préoccuper d'être beau.

Deux morts dans l'accident de voiture du Sahara. Tués sur le coup en plein désert. Deux rêves d'Europe fracassés sur le sable. Cinq autres jetés par-dessus le zodiac trop chargé. Depuis qu'il a vu ça, Soumaïla bégaie.

Alors elle est bienvenue, cette parenthèse où on décide que le bonnet bleu schtroumpf lui va définitivement mieux que le blanc. Sur le chemin du retour au bureau, on traverse la salle télé. Un collègue nous interpelle :

— Vous avez vu ce qu'il s'est passé ?

Soumaïla et moi tournons la tête vers la télévision. En quelques secondes on comprend. Personne ne parle. La voix de la journaliste de BFM TV nous hypnotise. Soumaïla est le premier à casser le silence :

— C'est pas des musulmans, ça...

Charlie en Afghanistan

On est le 7 janvier 2015. Des abrutis cagoulés ont décidé qu'ils avaient le droit de planter des balles dans le corps d'êtres humains. Internet est Charlie, la radio est Charlie, la télé est Charlie.

Soumaïla a filé dans sa chambre, fâché de voir des gens s'appuyer sur l'islam pour tuer. Un autre jeune hébergé dans notre service, Azizullah, reste devant la télévision, figé. Il n'a que les images, car les mots en français ne lui sont pas compréhensibles.

Azizullah est afghan. Mon collègue, lui-même d'origine afghane, lui demande en dari s'il comprend ce qui se passe. Réponse négative d'Azizullah.

Explications.

Absence de réaction.

Deux Afghans regardent la France traumatisée par l'attentat, sans réagir. Oui, effectivement, ça ne doit pas être si incroyable que ça, pour eux, un attentat. À Kaboul, des bombes et des morts, on sait plutôt bien à quoi ça ressemble. On connaît le bruit des kalachnikovs et l'odeur du sang. Et ça ne fait pas souvent l'objet du *flash spécial* de BFM TV.

Dari

Le dari, la langue d'Azizullah, est notamment parlé par les Hazaras. Ce peuple afghan aux yeux bridés est l'une des cibles privilégiées des talibans. À force d'entendre les mêmes mots dans cette langue, je sais en reconnaître quelques-uns :

Pedaram, mon père ;
Medaram, ma mère ;
Tashakor, merci ;
Talib mouchkil, problème avec les talibans.

Marine

Quelques jours après les attentats de *Charlie Hebdo* et de l'Hyper Cacher, comme tout le monde, je regarde les informations. Les récupérations politiques débutent déjà. Pour éviter les fous qui ont tendance à avoir la kalachnikov facile, il faudrait mieux contrôler les frontières et engager une politique de « restriction migratoire », dit une femme aux cheveux blonds et à la voix rauque.

Ce n'est pas la première fois que me saute aux yeux l'immense et insupportable décalage entre ce que sont les jeunes que je rencontre tous les jours au bureau et le discours politique sur le « migrant », comme une entité figée, comme une carte électorale à jouer, comme un danger pour notre identité. Mais en cette période d'attentats, c'est encore pire. J'aimerais présenter Azizullah à Marine, pour qu'il lui explique que lui aussi fuit les fous qui ont la kalachnikov facile.

Un gamin qui a vécu la guerre

Nœud

La nuit dernière, je n'ai pas très bien dormi. Car j'étais seule. J'avais envie qu'il vienne et il n'est pas venu. Je me réveille avec un petit nœud dans le ventre, je n'aime pas ça. J'arrive un peu bougon au travail. Finalement, on ne pourrait pas fermer les frontières ? Juste un peu, juste pour aujourd'hui.

Dans l'entrée, je tombe sur Hassan, le nomade tchadien.

— Bonjour madame, tu vas bien ?

J'aime bien les confusions des échelles de respect. « Madame, tu... », « Je veux s'il te plaît vous demander »... Joli chaos de « tu » et de « vous », transportés au fil d'une parole hésitante car prononcée dans une langue étrangère, le français. J'aime bien parce que à chaque fois ça me fait penser à l'histoire du gamin aux cheveux dorés qui lui aussi avait quelque chose à demander – « s'il vous plaît, dessine-moi un mouton ». Et c'est une belle histoire. Je mens :

— Oui, Hassan, ça va bien, merci. J'espère que toi aussi. Tu as bien dormi ?

— Oui, mais j'ai eu un peu froid...

— Eh bien il faut mettre le chauffage !

— C'est quoi « chauffage » ?

Je monte donc avec Hassan dans sa chambre pour lui expliquer le fonctionnement du radiateur. Il manipule plusieurs fois le cylindre permettant de régler la température, pour être sûr d'avoir bien compris. Puis, dans un sourire :

— Merci. Je vais mieux dormir maintenant.

Merci Hassan. Si tu vas bien, alors je ne peux pas me permettre d'être de mauvaise humeur. Je claque la porte à la gueule des souvenirs de la nuit dernière. J'ouvre une autre porte, celle du bureau. Bonjour les collègues. Et une nouvelle journée commence.

Enveloppe

Il y a un document sur le bureau. C'est une belle enveloppe, couverte de timbres où figurent des animaux dans les prés et des enfants afghans qui font la ronde. On reçoit parfois des recommandés en provenance d'Afghanistan. Les jeunes utilisent notre adresse pour se faire envoyer leurs documents d'identité. L'enveloppe dans les mains, je me surprends toujours à me dire que ce truc a voyagé de Kaboul jusqu'en France sans encombre.

Le courrier est adressé au service et non à une personne : on doit l'ouvrir pour savoir à qui remettre le document. Il nous semble épais pour un acte de naissance, c'est étrange. On ouvre. Dans l'enveloppe, pas un document d'identité mais trois photos.

Le même visage sur les trois, un homme jeune.

Il est dans son cercueil, entouré de draps et de fleurs.

Quelque part en Afghanistan, quelqu'un a placé méticuleusement trois photos dans une enveloppe avec pour destination la France. Pour que le petit qui a voyagé sache que son frère ou son cousin ou son ami, je ne sais pas, est mort.

Je repose l'enveloppe sous un document, maintenant que je sais que la mort est à l'intérieur, je ne veux plus trop la voir.

Saloon

Deux jeunes surgissent en trombe dans le bureau, les mains en sang, un tesson de bouteille à la main, des cris plein la bouche. Je connais l'un des deux. C'est Lanciné, un jeune que j'ai accueilli il y a trois jours. L'autre m'est inconnu, il a probablement été reçu par un collègue. Je réagis au quart de tour :

— Première chose, tu poses ce truc hyper dangereux sur le bureau. Deuxième chose, vous vous asseyez calmement. Troisième chose, je ne vous parle pas si votre ton de voix est supérieur au mien.

Ils s'assoient, prenant garde à bien écarter leurs chaises l'une de l'autre. Leur souffle est saccadé. La peur m'a fait monter le rouge aux joues. J'attrape le tesson de bouteille et le place délicatement dans la poubelle. Je prends le temps de poser ma voix et mon autorité pour la dernière phrase. Ils font deux têtes de plus que moi, ce n'est pas le moment d'avoir le charisme flagada :

— Quatrième chose, bonjour.

C'est à ce moment qu'Hassan frappe à la porte. J'en profite pour lui demander d'aller chercher mon collègue dans l'autre bureau. On ne sait jamais, j'ai pas envie de me faire percer la carotide à coups de tesson de Heineken.

Toute cette histoire pour un manteau. Il fait froid. C'est donc important, un manteau. Si important qu'on peut se bagarrer comme dans un saloon pour l'avoir, en se pétant joyeusement des bouteilles sur la tête. Manque plus que le piano bastringue et les danseuses en froufrous.

On parle. Tout le monde se calme. Ils s'excusent.

— Pardon, madame. C'est parce qu'il fait froid.

Tout rentre dans l'ordre. Je suis bientôt en vacances. Je me le dis dans ma tête : *Je suis bientôt en vacances.*

J'enchaîne deux cafés de suite, histoire de malmener un peu plus mon rythme cardiaque, déjà mis à l'épreuve par l'affaire du blouson. On a rendez-vous avec Abdul dans quelques minutes. À quatorze heures pile, quand Abdul entre, il dégage quelque chose de si calme qu'il fait instantanément chuter mon niveau de nervosité.

Machettes

Abdul vient de la Sierra Leone. Il a les traits fins. Ses yeux légèrement bridés sont enveloppés de longs cils courbés. Il a quelque chose de féminin dans son regard. Abdul parle un créole anglais, le *broken english.* Même si on se comprend plutôt bien, il demande à avoir un interprète, pour être sûr de pouvoir s'expliquer.

Quand l'interprète arrive, on les laisse discuter quelques minutes. Puis Abdul va patienter dans le hall en attendant le rendez-vous.

— Ça, c'est un gamin qui a vécu la guerre.

L'interprète est lui-même sierra-léonais. Il sait reconnaître ces enfants meurtris. Abdul ne lui a rien dit, mais il est sûr de lui. Il a vu la peur des machettes dans le regard d'Abdul, dans sa manière de se tenir recroquevillé. Les machettes n'ont visiblement pas découpé le corps d'Abdul. Il a deux bras et deux jambes, avec des mains et des pieds complets à leurs extrémités. Mais les machettes ont tranché quelque chose à l'intérieur. Et ça fait peut-être aussi mal qu'un bras en moins.

Rap

Un collègue me remplace pour le rendez-vous avec Abdul : il a vu que j'étais un peu nerveuse aujourd'hui. Je reste donc dans mon bureau pour rédiger un rapport.

Quelques minutes plus tard, Soumaïla entre, son bonnet bleu schtroumpf vissé sur sa tête ronde. Soumaïla n'a plus peur, il a eu une réponse positive du département et attend d'être accueilli dans un foyer. Il est rigolo, Soumaïla. Il pose toujours des questions aux réponses impossibles – *Pourquoi t'es pas musulmane toi ?* Il fait croire aux filles qu'il est américain pour les draguer. Il ne parle pas un mot d'anglais et s'exprime avec un accent malien à couper au couteau, mais ce n'est pas grave, avec un peu de chance elles y croiront.

Soumaïla s'ennuie, il veut discuter. Ça me va très bien, je n'ai pas envie de travailler. Il me fait écouter du rap malien sur YouTube. Échange de bons procédés, je lui fais écouter du rap français : Sexion d'Assaut. Soumaïla regarde l'écran, fronce les sourcils et me présente un sourire très dubitatif. Puis :

— Mais c'est pas des Français ça ! Regarde, ils sont tous noirs !

— ...

— Il y a des Français qui sont noirs ?

Un peu plus de rêves et de stylos

Amoureux

Un poing, que je devine ferme et nerveux, se met à marteler la porte. Un jeune nous est conduit par les policiers : il a été pris en train de voler dans un supermarché. Je salue les policiers, puis le jeune, Yahia. Je lui dis bonjour, lui souris et lui tends la main. Il me regarde sans bouger. Ma main s'immobilise quelques secondes, ridiculement bloquée dans les airs. Le temps que je me rende compte que Yahia est menotté.

Une fois les menottes retirées et les policiers partis, j'invite Yahia à s'asseoir. Il se poste en face de moi, les jambes écartées à l'extrême par le besoin, voire la nécessité de paraître viril. Les écouteurs qui pendent autour de son cou crachent du mauvais rap. Il me regarde en coin avec un petit sourire provocateur, révélant *a priori* une faible fréquentation du dentiste. Ses sourcils sont taillés au rasoir. Une boucle en faux diamant étincelle au lobe de son oreille gauche. Il pourrait avoir l'air méchant, s'il n'avait pas ce grain sincère de gentillesse, camouflé quelque part derrière son masque de truand.

Comme pour tous les jeunes qui arrivent avec les policiers, je commence par lui expliquer que je ne suis pas policière. Un point dans mon camp. Je lui explique le système de protection de l'enfance et la possibilité d'être placé en foyer pour mineurs.

— Non mais en fait moi je veux pas. J'attends d'avoir les dix-huit ans.

— Ah bon ? Pourquoi ?

— Tu vois, madame, j'ai une meuf... euh, une copine.

Il baisse la tête, sourit et laisse le rose lui monter aux joues sous la visière de sa casquette.

— J'attends dix-huit ans, comme ça on se marie. On fait un enfant, un enfant trop beau, *ouallah* ! Comme sa mère. Mon enfant il naît et après j'arrête les conneries.

Signature

On frappe à la porte. J'ouvre avec un petit sourire, resté traîner sur mon visage après le départ de Yahia. Azizullah, le jeune Afghan qui regardait les attentats à la télévision, entre. Mes yeux filent vers l'enveloppe, toujours cachée sous un document dans le coin du bureau, et mon sourire s'évapore. Le destinataire des photos est peut-être Azizullah. Mais je ne dis rien. Mon collègue qui sait lire le dari nous dira demain le nom inscrit au dos des photographies.

Azizullah vient chercher son ticket pour le repas du soir. Pour obtenir le ticket, il faut apposer une signature en face de son nom. Je lui tends le stylo et approche la feuille. Azizullah recule. Une légère panique l'envahit, rougissant ses joues et imposant un mouvement de tremblement à ses mains qui ne savent que faire de l'objet étranger qu'on vient de lui tendre.

Les mains d'Azizullah savent manier à la perfection le bâton de berger. Tous les jours depuis qu'il a six ans, il file dans le froid des montagnes afghanes avec ses chèvres. Mais le stylo, il ne sait pas s'en servir. Je lui montre l'endroit de la feuille où est inscrit son nom. Maladroitement, il empoigne le stylo et trace un trait furtif sur le papier, de droite à gauche. Il m'arrache le ticket des mains et s'en va, rapidement, les yeux baissés.

Le lendemain, puis les jours suivants, la signature d'Azizullah se précise et ses yeux se relèvent. Il y a un trait horizontal, tracé de droite à gauche, puis trois petits traits verticaux. Comme une cicatrice de pirate dans un dessin d'enfant. Les premiers jours Azizullah s'applique, se concentre, appuie fortement sur le papier. Son trait révèle des hésitations. Au fil de la semaine il s'affirme, se fait plus rapide. À chaque fois qu'il relève la tête de son ouvrage, Azizullah esquisse un petit sourire interrogatif. Ses yeux me demandent si la signature est correcte parce que sa langue est incapable de me le formuler. Par un sourire et un hochement de tête trop prononcés, car on exagère toujours les gestes quand on ne peut pas utiliser les mots, je lui réponds que oui, elle est correcte.

Un jour, je monte dans la chambre d'Azizullah pour m'improviser plombier car son lavabo est bouché. Sur une petite table, il y a plusieurs feuilles, parfaitement ordonnées, positionnées parallèlement à un stylo. C'est ici qu'Azizullah s'assoit tous les soirs. Sur chacune des feuilles, il y a des dizaines et des dizaines de traits horizontaux barrés de trois traits verticaux.

Visa

Abdoul Salam, lui, écrit parfaitement. Une écriture d'adulte éduqué, régulière, sans fautes d'orthographe. Il dit avoir arrêté l'école en première année de lycée. Mais il répond aux questions sans conviction, comme si lui-même ne croyait pas à sa propre histoire. Puis, au bout d'une heure, il crève la trop fragile bulle de mensonges et avoue :

— Ok, je vous dis la vérité. Je n'ai pas arrêté l'école au lycée. J'ai eu le bac en 2008. J'ai un master en informatique.

Puis Abdoul Salam nous raconte. Il veut un diplôme français. Ce diplôme qui fait s'ouvrir les portes en grand quand on rentre au pays. Il a tenté d'avoir un visa étudiant pour venir terminer ses études en France. En vain. Abdoul Salam a expliqué son projet universitaire aux personnes de Campus France, l'organisme chargé d'accompagner les étudiants étrangers dans l'obtention de leur visa. Il a affirmé qu'il avait assez d'argent pour vivre en France, et qu'une fois le diplôme obtenu il souhaitait rentrer en Guinée. Mais Abdoul Salam n'a pas obtenu de visa.

Alors il a pris le chemin de l'*aventure*. Avec un visa, il aurait pris l'avion. Il avait de quoi se payer le billet. Au lieu de ça, il a pris le sable et la mer. Il a risqué sa vie pendant un an et demi de voyage. Ça lui a coûté plus cher qu'un billet d'avion, au total. Mais il n'avait pas de visa. La France ne voulait pas de lui légalement, alors elle l'a jeté sur les routes clandestines. Ces routes où la mort a toujours faim. Tout ça pour un autocollant manquant dans le passeport. Un joli autocollant rose et vert, avec quatre belles lettres blanches en en-tête : VISA. Abdoul Salam a passé un an et demi à côtoyer la mort, pour un autocollant manquant.

À l'arrivée en France, vivant mais sans papiers, il entre dans le jeu de la modification des dates de naissance. Le but : ne plus être en situation irrégulière et pouvoir reprendre sa scolarité pour avoir un diplôme français. Les objectifs d'Abdoul Salam n'ont pas changé. Cependant, les moyens pour y parvenir sont radicalement différents. Avec un visa, il aurait été un étudiant classique. Mais le visa lui a été refusé. Alors il change sa date de naissance, pour être régularisé en tant que mineur. C'est une solution pour être régularisé rapidement.

Pourtant, Abdoul Salam n'a pas tenu une heure dans son costume d'adolescent, trop petit pour ses ambitions. Il aurait fallu effacer dix ans de sa vie, reprendre le lycée en classe de première alors qu'il est titulaire d'un master.

Mais d'autres ont tenu bon. Ils sont certainement en foyer, âgés de vingt-six ou vingt-sept ans mais considérés comme adolescents, scolarisés au lycée, supportant leurs camarades trop immatures, apprenant des choses qu'ils savent déjà, se demandant, tous les jours, s'ils n'ont pas fait une erreur en modifiant leur âge. Je suis touchée par l'honnêteté d'Abdoul Salam. Je m'inquiète pour lui, aussi. Je ne sais pas quelle stratégie il va adopter désormais.

— Au revoir, Abdoul Salam. Bon courage.

Questions de coût

Après son départ, les questions m'assaillent. Le refus de visa a probablement été fondé sur un doute concernant les ressources économiques d'Abdoul Salam et la garantie de son retour en Guinée après ses études. La France a peur qu'il reste trop longtemps sur le territoire, qu'il n'ait pas assez d'argent pour subvenir à ses besoins, et qu'il compte sur les pouvoirs publics pour le prendre en charge.

Et pourtant, le placement en foyer d'un mineur isolé étranger se chiffre en dizaines de milliers d'euros annuels. Il faut aussi ajouter, bien sûr, mais cela intéresse moins l'administration, les coûts engendrés pour Abdoul Salam : le coût du voyage, environ 2 000 euros dans son cas, mais aussi le coût psychologique lié au changement d'âge, aux risques encourus, et aux syndromes post-traumatiques qui suivent souvent. Sans compter le fait que plus le voyage et la stabilisation en France sont difficiles, plus les gens restent. Avec un visa étudiant, Abdoul Salam serait peut-être rentré en Guinée au bout de quelques années. Maintenant, au vu des difficultés à venir et à stabiliser sa situation, il va probablement rester plus longtemps.

Alors posons-nous des questions. Puisque refuser aux gens de venir ne sert à rien – les gens viennent quand même – et que cela coûte plus cher, à tous les niveaux, quand ils viennent sans visa, pourquoi refuser ce visa, à Abdoul Salam et aux autres ? Pourquoi inciter les gens à risquer leur vie sur les routes ? Pourquoi les rendre fous en les obligeant à changer d'âge ou d'identité ?

Le téléphone vibre soudain dans mes mains et m'arrache un petit sursaut. La conversation qui suit va me confirmer l'absurdité d'un système qui n'a rien prévu pour les adultes.

Trente-huit

— Allô ?

— Oui, bonjour, c'est la police aux frontières.

Valentine est en centre de rétention. Sous la pression de la garde à vue, elle a avoué son âge : trente-huit ans. Vingt-deux ans de plus que l'âge qu'elle déclarait avoir.

Trente-huit ans. Je me dis qu'elle a certainement un mari, des enfants. Où sont-ils ? Pourquoi est-elle là, toute seule, à abîmer sa dignité en cherchant à se faire passer pour une mineure ? Comment a-t-elle eu la force de s'imaginer vivre en foyer, avec des adolescents qui ont peut-être l'âge de ses propres enfants ? Des éducateurs lui auraient dit d'aller se coucher à 21 h 30 car il y a école demain ou auraient vérifié le dimanche qu'elle avait bien rangé sa chambre. C'est la règle pour tout le monde en foyer, c'est normal. Mais pas quand on a trente-huit ans. Avait-elle bien mesuré le fait, avant de diminuer son âge de vingt-deux ans, qu'elle serait considérée comme une enfant et qu'elle ne verrait plus les siens ?

Je n'aurai jamais de réponses à mes questions car je ne reverrai jamais Valentine. J'ajoute son visage à la mosaïque de ceux et celles dont je n'ai plus de nouvelles une fois les griffes de la police accrochées à leurs épaules.

Libre

— Maintenant que tu sais en quoi ça consiste, est-ce que tu sais quelle décision tu prends ?

— Je ne sais pas, madame.

Lanciné, le jeune qui s'était bagarré pour le blouson, est beaucoup plus calme que l'autre jour. Il est calme car il a peur. Il a reçu une invitation à se présenter à la police aux frontières.

— Lanciné, si tu veux, va faire un tour, réfléchis et reviens me dire.

— D'accord, madame.

L'après-midi, Lanciné revient dans le bureau et se plante devant moi. Il est debout les mains jointes, le regard fixé sur ses mains.

— Madame, est-ce que vous pouvez encore m'expliquer ce qui va se passer ?

— Oui bien sûr. Si tu vas à la police et que tes papiers sont bons, ça renforce ta demande en tant que mineur. Ça veut pas dire que tu seras automatiquement placé en foyer, mais tu as plus de chances. Si tu y vas et que tes papiers ne sont pas bons, tu risques la garde à vue, le centre de rétention et le retour en Guinée.

— Et si je pars pas à la police, là ?

— Si tu choisis de ne pas aller à la police, tu risques d'avoir un refus du département pour une place en foyer, car ils douteront de ton identité et donc de ta minorité. Par contre, tu restes libre.

— Je vais réfléchir encore, madame.

Le lendemain, Lanciné revient :

— J'ai pris ma décision. Je vais pas. J'ai peur. Les autres m'ont dit qu'il y en a un qui est parti là-bas et il est pas revenu.

— D'accord, Lanciné, j'informe le département.

Quelques jours après, Lanciné reçoit une réponse négative. Il n'est pas reconnu mineur. Son refus de se rendre à la police aux frontières est un des motifs de cette réponse. Mais au moins Lanciné est dehors, libre.

Combien d'autres y sont allés, sûrs de leurs papiers car ils avaient payé assez cher pour les avoir ? Confiants car le passeur ou le fonctionnaire corrompu les avait assurés de la qualité du document ? Et en une journée, c'est la vie qui trébuche.

Comme en Angola

João est lui aussi convoqué pour vérification de ses papiers. Comme pour Lanciné, je lui explique la procédure et les enjeux. Puis :

— Est-ce que tu as des questions ?

— Oui, une.

— Je t'écoute.

— Est-ce que la police ici est comme en Angola ?

— Comment ça ?

— Je veux dire, est-ce qu'ils ont le droit de me frapper ?

— Non, ils n'ont pas le droit, ne t'inquiète pas.

— Ok. Alors j'y vais.

Google Images

La porte s'entrouvre. Le visage qui apparaît me décoche un sourire. C'est Abdul, le Sierra-Léonais aux yeux bridés. Il me demande si la décision le concernant est arrivée. Son regard est encore plus doux et apaisé que la dernière fois. Sa voix est calme et ronde. Une discussion avec Abdul est plus relaxante qu'un cours de yoga.

Annoncer des bonnes nouvelles, c'est bien. Quand on a un peu de temps pour bien le faire, c'est encore mieux. Aujourd'hui j'ai un peu de temps pour bien le faire. J'annonce à Abdul qu'il est placé en foyer dans le Morbihan.

— Tu sais où c'est, le Morbihan ?

— Non.

Je tape « morbihan » dans Google Images. Abdul découvre alors une série d'images vantant les beautés naturelles du Morbihan. Une mosaïque virtuelle de sa nouvelle vie. Je vois ses yeux sauter d'une image à l'autre. Il y a surtout des paysages marins, dans ce coin de Bretagne. Là, d'un coup, je me dis que je suis stupide de montrer des photos de mer à quelqu'un qui aurait pu y mourir, dans la mer. Mais Abdul n'a pas l'air de m'en vouloir.

— Et il y a la forêt aussi là-bas ?

Je tape « morbihan forêt » et une nouvelle mosaïque vient remplir l'écran et les yeux d'Abdul. Il hoche la tête, l'air satisfait. Il y a la forêt là-bas. Je tape ensuite « vannes » pour lui montrer à quoi ressemblera sa nouvelle ville. Il scrute les images une à une, s'attardant avec son doigt sur certaines. Puis il se retourne vers moi en me posant une question qui semble plus importante :

— Et là-bas, je vais aller à l'école ?

Il me regarde droit dans les yeux et se concentre pour écouter ma réponse. Mon anglais est différent du sien. Il doit faire un effort pour essayer de tout saisir. Il plisse les yeux et avance sa tête comme une tortue.

— Oui. Ça prendra un peu de temps. Le temps que tu apprennes bien le français et que les éducateurs trouvent une école pour t'inscrire. Mais oui, le but c'est que tu ailles à l'école le plus rapidement possible.

Il hoche la tête à nouveau. Ses yeux brillent. Il y a un peu moins de peur et de machettes dedans. Et un peu plus de rêves et de stylos, je crois. J'espère.

Homonymie

On frappe à la porte. Police. Encore. Je prends congé d'Abdul pour accueillir trois jeunes Érythréens, contrôlés sans billet alors qu'ils étaient dans le train. Rengaine habituelle : bonjour la police, au revoir la police, bonjour les gars, vous voulez aller où ? À Calais, ok.

Ça devient tellement habituel qu'on oublierait presque qu'ils ont quinze ans, qu'ils sont tout seuls, qu'ils ont fait 10 000 kilomètres et qu'ils vont habiter dans une tente noyée dans la boue près du port. C'est de leur faute, aussi ! Ils sont là, détendus, souriants. Comme si c'était normal.

Il est 17 h 15. Je finis à 17 h 30, donc je propose aux jeunes de m'attendre, comme ça je leur montre la gare à la fin de mon service. Je dois moi-même m'y rendre, ça tombe à pic.

On partage un thé en attendant. Puis on prend le métro. Je composte, pas eux. On arrive à la gare. Je vais en Bretagne chez mes parents pour les vacances. Ils vont à Calais, dans la jungle, pour tenter de se glisser sous un camion anglais. Bretagne, Grande-Bretagne. Cynique homonymie pour deux voyages qui ne se ressemblent pas. J'y serai en sept heures. Ils y seront un jour, peut-être.

Misère du monde

Apéro dominical dans la maison familiale. C'est l'anniversaire du frangin. Dans ce coin de campagne, les exilés sont plutôt rares. Alors les invités assis à la même table que moi, amis ou membres de la famille, sont curieux d'en savoir plus sur mon travail. Au fil des questions qui me sont posées, je raconte qui sont les jeunes, de quels pays ils viennent, pourquoi ils sont partis, ce qu'ils font une fois en France, etc. Philippe, en face de moi, est un peu perplexe :

— Oui, je comprends qu'il faille s'occuper correctement de ceux qui sont là. Mais en même temps, c'est compliqué. Comme on dit, on ne peut pas accueillir toute la misère du monde...

Sa réflexion n'est pas agressive, xénophobe ou extrémiste. C'est une vraie question qu'il se pose. Philippe se lève tous les matins, sans exception, pour labourer, semer, récolter, moissonner, réparer les machines, souvent sous le vent, la pluie, parfois le soleil brûlant. Depuis des années, il travaille douze heures par jour les terres de son père. À perte. C'est la PAC, la politique agricole commune de l'Union européenne, qui le maintient à flot.

Les jeunes du bureau me disent souvent « j'ai galéré », comme une formule passe-partout pour envelopper les misères de la vie et du voyage. Philippe aussi a galéré. Il galère encore. Alors il se pose la question de l'accueil de nouvelles personnes, dans ce pays qui fonce dans le mur. Dans ce pays qui n'est pas capable de garantir le travail, ni des agriculteurs ni des autres. Je comprends donc que Philippe se pose cette question.

Mais cette phrase, tellement clamée que ses lettres suintent la haine, me paraît incorrecte sur bien des aspects.

D'abord ce n'est pas *la misère* que l'on accueille. Les gens les plus pauvres n'ont en général ni les moyens ni l'idée de migrer. Pour penser à la migration, pour avoir l'envie d'une nouvelle vie ailleurs et la croyance que celle-ci est possible, il faut déjà un certain niveau économique et social, un *capital* économique et social, dirait le sociologue Pierre Bourdieu. Il faut pouvoir intégrer le départ dans son *champ des possibles*, et les plus pauvres ne le font pas. Le champ de leurs possibles s'arrête aux bordures des champs qu'ils cultivent depuis des générations. Eux aussi ont les terres de leurs pères à entretenir. Comme Philippe.

Parmi les jeunes que je reçois et parmi les gens qui arrivent en France, il y a des étudiants à qui on a refusé un visa, des enfants de familles riches, des exilés politiques qui étaient haut placés dans leur pays mais qui ont dû fuir pour ne pas mourir, des classes moyennes qui ont des fourmis dans les jambes et des envies d'ailleurs. Il y a des gens bien plus riches que moi. Il y a aussi des moins riches, ceux qui ont tout perdu dans le voyage, ceux qui l'ont tenté alors que leurs économies étaient maigres, ceux pour qui toute la famille élargie, parfois même le quartier ou le village entier, a investi, ceux qui sont partis parce qu'ils n'avaient pas le choix, les bombes ayant décidé pour eux. Mais tous ces destins individuels sont bien trop variés et complexes pour qu'on les enserre dans *la misère*, expression transpirant la condescendance et le colonialisme.

Il y a ensuite la question de l'*accueil*. Longtemps, la France est allée chercher des immigrés. Régionaux d'abord : Bretons pauvres montant à la capitale et débarquant l'air perdu à Montparnasse, en quête d'un travail de domestique ou d'ouvrier. Puis les Polonais, les Italiens, les Espagnols, les Marocains, les Algériens. Les patrons sont allés recruter au Maroc ou en Algérie, lorsque la France des années 1960 avait besoin de mains pour construire ses bâtiments et récolter ses fruits. Aujourd'hui, les immigrés et leurs enfants sont encore ceux qui ramassent nos déchets sur nos trottoirs, gardent nos magasins, nettoient nos bureaux, pendant que nous dormons, font bipper nos produits à la caisse des supermarchés, tissent nos vêtements dans nos sous-sols. Ils sont nos prostituées, nos vigiles et nos éboueurs. Toute une partie de l'économie repose sur ces travaux dont personne ne veut. Il faudrait penser à leur demander s'ils se sentent *accueillis*.

À l'inverse, si je voyage au Maroc ou au Sénégal, il y a peu de risques que le pays hôte se demande s'il *peut* ou *ne peut pas* m'*accueillir*. En tant que Française, j'ai ce droit incommensurable d'aller dans la quasi-totalité des pays du monde, sans demander l'autorisation à quiconque. Un Français peut se rendre dans cent soixante-quinze pays sans visa. Un Afghan, dans vingt-cinq. Alors personne n'a le droit d'avoir l'audace de me dire « on ne peut pas vous accueillir ». Car je ne suis pas *la misère*. Je suis *le touriste*, mieux, *l'expatrié*, alors on m'*accueille*. Je peux être étudiant ou chef d'entreprise où je veux, sans que jamais personne ne vienne mettre en cause la légitimité de ma présence. Je peux même partir sans le moindre sou au Mali ou ailleurs sans qu'aucune autorité ne vienne fouiner mes comptes pour savoir si j'ai assez d'argent pour vivre. À l'inverse, un Malien demandant à venir vivre chez moi, pour ses études par exemple, devra toujours prouver que son compte est bien rempli. Il ne faudrait pas qu'il vienne grossir les rangs de ceux qui ne peuvent vivre sans allocs et sans Restos du cœur.

Et puis il y a ce *on*, pronom indéfini mais bien défini tout de même, qui inclut certains en excluant d'autres. Dans ce *on*, il y a un groupe, il y a nous, les Européens, les Blancs, les soi-disant riches. Ce groupe qui ne peut pas accueillir un autre, défini par *la misère*. *La misère* c'est vous, les Noirs, les pauvres, les migrants, vous qui avez faim, vous qui avez le sida et Ebola, vous qui vivez dans la poussière et la guerre. Dans *on ne peut pas accueillir la misère du monde*, il y a des Européens qui ne peuvent pas accueillir des Africains, usant du verbe *pouvoir* en essayant de dissimuler le verbe *vouloir*. En réalité, on ne *veut* pas accueillir.

Je sers un verre de rouge à Philippe et commence à lui expliquer pourquoi je n'aime pas trop cette phrase. Mais le poulet rôti arrive, alors je range mon argumentaire de petite étudiante biberonnée à Bourdieu. Il fait beau, les verres tintent et Aurélien prend la guitare.

> « C'est l'histoire d'un copain qui s'appelait Coco
> Musicien, mais pas trop, plutôt guérillero
> Guérillero de la voix
> Guérillero toutes les fois
> Qui nous prenait par la main
> Pour chanter ses refrains
> Il nous était venu d'un pays lointain
> Nous, on n'en savait pas plus sauf qu'il était latin
> Qu'il avait quitté un beau jour son pays
> Qu'il était parti pour un général en folie...* »

---

* Castelhemis, « Coco », album *78-88 : Il nous emmenait...*, 2002.

II

Papiers

Deux coups contre la porte

— Voilà, c'est ici. Je te laisse. Bon courage.

— Merci madame.

Devant la porte, le cœur de Souley s'emballe à nouveau. Au fond de sa poche, ses doigts ne cessent de s'agiter sur le petit papier plié, entouré par un morceau de sac plastique retenu par un élastique. Ce papier abîmé est le seul objet ayant survécu à l'immense traversée. Souley n'a plus d'argent, plus de sac. Il n'a que les vêtements qu'il porte. Et ce papier, fragile et unique relique de sa vie d'avant les sables et les eaux salées.

Souley est en France. Il est resté seulement quelques semaines en Italie. Huit jours dans un centre d'accueil en Sicile, durant lesquels il a récupéré un peu de ses forces mais pas assez de courage pour appeler sa mère ou la mère d'Abdoulaye. Puis Souley a été conduit à Rome. Il a fui du centre d'accueil de Rome, est monté dans le train pour Milan, a erré en gare de Milan, est monté dans un train pour la France, s'est fait descendre du train par les policiers juste après Vintimille. Souley a passé quelque temps au poste de police frontalier, entre Menton et Vintimille. Et les policiers l'ont laissé sortir en lui disant :

— L'Italie, c'est par là. Vous y retournez maintenant ! Allez, hop !

Le policier a eu le même geste dédaigneux que le passeur qui avait abandonné Souley dans le désert en lui indiquant la direction de l'Algérie. Un revers de main qui balaie l'air, accompagné d'un souffle d'agacement, et des yeux qui ne prennent pas la peine de regarder. Les deux hommes partageaient la même expression de mépris teinté d'ironie condescendante, le même souffle d'exaspération qui vous fait comprendre que vous n'êtes rien. Ou pas grand-chose. Ou moins qu'eux, en tous les cas.

Souley et deux Érythréens qui se sont fait arrêter avec lui ont marché quelques centaines de mètres en direction de l'Italie, pour faire plaisir aux policiers. Puis ils sont revenus sur leurs pas et se sont enfoncés dans la forêt qui surplombe les rails. Les indications laissées par d'autres, passés là avant eux, leur permettaient de s'orienter dans cette montagne escarpée. Après quelques heures de marche, ils sont arrivés au sommet. Souley s'est arrêté un moment pour regarder la côte, déjà illuminée de ses mille loupiotes dorées. La nuit tombait sur Menton. Il était en France. Enfin. Les deux Érythréens se sont mis à chanter, entraînant Souley qui, du bout des lèvres, reproduisait les sons d'une langue dont il ne connaissait même pas le nom.

Figé devant la porte du bureau, Souley a encore du mal à comprendre qu'il est arrivé au bout. Il compose la carte mentale de son voyage, mais les photographies de ses souvenirs sont dispersées, mélangées. Elles ne respectent ni la géographie ni la chronologie. Les humiliations, les fatigues et les tristesses ont brouillé les pistes. La première prière dans le désert au coucher du soleil, les yeux clos d'Abdoulaye, la barre de fer sur son nez, le sourire dans la voiture sous le niqab, les regards du passeur et du policier, les repas partagés avec les amis d'aventure, la liasse de billets assez imposante pour continuer la route, le sourire d'Abdoulaye, les lumières de Menton, la montée dans le zodiac, le premier pied en Europe dans le port de Catane... Il y a toutes ces photographies et bien d'autres encore, étendues dans les souvenirs de Souley, réparties anarchiquement dans sa tête, son cœur et son ventre, comme si on les avait laissées tomber par accident. La photographie de la mort d'Abdoulaye est celle qui a les bords les plus coupants.

Souley inspire profondément, marque un temps d'arrêt en bloquant sa respiration, puis, au moment où il expire, laisse son index frapper deux coups contre la porte. Il sait que, derrière cette porte, on va lui demander de mettre en ordre toutes ces photographies. Il sait qu'on va lui demander son papier sur lequel il est écrit sa date de naissance. Il sait aussi qu'un bout de son avenir dépendra de ce qui se passe derrière cette porte. Il aimerait qu'Abdoulaye soit avec lui, mais Abdoulaye a fermé les yeux dans la mer sombre.

La valse des chambres

Air Max

Hamza attend la décision du département. Il est fatigué de dormir dehors. Sa jambe tremble et ses Air Max bleues cognent à un rythme régulier contre mon bureau, comme un métronome mesurant son impatience. Ses yeux clairs zébrés de veines rouges m'assaillent :

— Et toi, comment tu fais, t'es toute seule, dehors, dans un pays tu connais pas et t'as pas de l'argent ?

Je réponds honnêtement :

— Je sais pas, tu as raison.

Ma réponse ne lui plaît pas. Il se lève dans un sifflement de colère et quitte le bureau sous les yeux ronds de Saliou qui attendait sagement son tour pour entrer.

Real Madrid

Saliou frappe à la porte déjà ouverte et attend que je l'autorise à entrer. Il est hébergé chez nous, contrairement à Hamza. Il est très zen et vient quotidiennement dans le bureau pour nous faire partager ses élucubrations philosophiques diverses et variées. Aujourd'hui, Saliou a besoin de parler car il se préoccupe de son avenir footballistique :

— Tu vois, moi je préfère être gardien. Mais le problème c'est qu'il y a un gardien guinéen qui s'appelle comme moi : Saliou Diallo. Du coup je vais pas pouvoir chercher le succès. Il y a déjà un gardien Saliou Diallo, c'est pas bon.

Il hoche la tête, prend un air inspiré et concentré, se gratte le menton. Puis il trouve la solution :

— Il faut que je change de poste ou de nom...

Sans attendre de réponse, il quitte le bureau, rassuré sur son avenir. Il y a deux jours, nous avions reçu Saliou en entretien pour qu'il nous raconte sa vie et son voyage. Comme la plupart des jeunes qui arrivent en France par l'Espagne, il a fait escale à Madrid. Mais pour Saliou, Madrid n'est pas une ville. Elle est un club de foot :

— Du coup, après Ceuta tu arrives à Malaga. Et après Malaga, tu es allé où ?

— Au Real Madrid.

Valse

Je regarde l'heure. Treize heures. Pourquoi Resistance n'est-elle pas encore rentrée ? Elle avait rendez-vous avec la police à dix heures. Ça ne sent pas bon.

Quatorze heures, le téléphone sonne. Cet appel vient confirmer mes doutes. Les empreintes de Resistance sont associées à une autre identité. D'après le fichier relié à ses empreintes, elle a vingt-sept ans. Resistance est donc en garde à vue. Elle va être placée en centre de rétention. Les policiers viennent chercher ses affaires. Nous vidons sa chambre. L'impression d'un viol, quand je prends ses quelques vêtements pour les mettre dans un sac.

Dans ce travail, il y a des choses que j'aime et d'autres que je n'aime pas. Placer le pantalon et la chemise de Resistance dans son sac et le donner au policier, je n'aime pas. Vraiment pas.

Mais c'est une valse, cette chambre vide laissée par Resistance devient une chambre disponible pour accueillir le corps fatigué du suivant, heureux d'être arrivé au bon moment. Une chambre pour Alfonso, par exemple.

Brindille

Alfonso est arrivé d'Angola il y a quelques jours. Une brindille. Immense et fragile. On a l'impression qu'on peut le casser rien qu'en le touchant. Il est possible que des ordures l'aient cassé en le touchant, justement. Alfonso ne dit rien mais son corps fébrile et recroquevillé trahit les angoisses qui dorment encore sous sa peau.

Alfonso est hébergé chez cet homme, Ricardo, un Angolais vivant en France, qui ne m'inspire pas du tout confiance. Ricardo et Alfonso dans le bureau. Ricardo me parle en français, je réponds en portugais pour qu'Alfonso comprenne.

— Non, mais vous comprenez, je peux pas le garder chez moi !

Ricardo agite les bras, parle fort. Je ne serais pas étonnée de voir de la bave surgir au coin de ses lèvres et des griffes pousser au bout de ses doigts. À chaque minute qui s'échappe, les épaules d'Alfonso se referment un peu plus.

Ses yeux fixés au sol ne sautillent que par intermittence à hauteur des miens, avant de disparaître à nouveau.

— Le problème, c'est que nous n'avons pas de place d'hébergement pour lui, monsieur.

Ricardo souffle, s'agite, parle d'Alfonso comme s'il n'était pas dans la pièce. À un moment, il sort pour répondre au téléphone. Je profite de l'occasion :

— Comment tu te sens dans sa maison, Alfonso ? Ricardo est gentil avec toi ?

Il lève les yeux et pour la première fois me fixe plusieurs secondes.

— Plus ou moins.

— ... Tu veux bien m'expliquer pourquoi « plus ou moins » ?

— Non, non, je ne peux pas.

Il panique.

— Ça va, ça va, tout va bien.

Quelque chose ne tourne pas rond. J'ai l'impression que le môme essaie de me dire quelque chose mais que la peur envahit sa bouche, elle s'assoit comme un *mafioso* sur sa langue pour empêcher les mots de s'échapper. Du coup, dans mes pensées, surgissent les pires mots : violence, pédophilie, esclavagisme. Est-ce que ce sont ces mots qui sont coincés dans la gorge d'Alfonso ?

Et l'autre qui va revenir dans le bureau d'un instant à l'autre. Il me faut une idée, vite. J'appelle ma cheffe. Explique en deux-trois mots la situation. Mon cœur s'amuse à organiser une fête électro dans ma poitrine. Tiens, on dirait que j'ai peur de Ricardo, moi aussi.

— Du coup, voilà, je sais que normalement on privilégie les gens qui sont dehors par rapport à ceux qui sont hébergés chez un tiers. Mais comme on a une place et que je sens vraiment pas ce type, je voulais savoir si on pouvait faire une exception et proposer une chambre à Alfonso ?

— Oui, pas de souci, vas-y.

— Ok, merci pour la confiance.

Ricardo revient. J'explique. Il s'en va. Ouf, je respire. Alfonso va dormir en sécurité ce soir.

J'ouvre la porte sur la nuit

Souley

En fin de journée, juste avant que je ne rentre chez moi, quelqu'un frappe à la porte. Méthode n° 3 : deux petits coups très discrets, avec un seul doigt, à peine perceptibles : un jeune.

Je me lève dans un petit soupir, je suis fatiguée. J'espère que la personne qui est derrière la porte n'a pas quarante ans et qu'elle n'a pas envie de me jeter ses griffes à la figure. J'espère qu'elle n'a pas trop de tristesse dans ses bagages, j'ai eu ma dose pour aujourd'hui. Quand j'ouvre, la personne en question sursaute légèrement et baisse les yeux.

C'est un jeune homme mince au visage rond et aux yeux rougis. Il est en tee-shirt, alors qu'on est au mois d'avril. Ce tee-shirt porte des inscriptions en italien, un message publicitaire probablement. Il y a une grande bulle rouge, type bande dessinée, et quelque chose écrit en jaune dedans. Ce sont les vêtements que les Italiens donnent aux organismes caritatifs, ces tee-shirts gratuits que les supermarchés ou les marques offrent aux clients, ces tee-shirts dont personne ne veut car ils sont moches, et qui finissent donc sur les dos des exilés rescapés des bateaux de fortune à Lampedusa ou en Sicile. Certains se retrouvent comme ça à porter des tee-shirts Heineken ou Clan Campbell alors qu'ils n'ont jamais bu une goutte d'alcool de leur vie. Ou une casquette Pâté Hénaff alors qu'ils sont musulmans et ne mangent pas de porc.

Je l'invite à s'asseoir. Il garde la tête baissée et le dos voûté. Ses genoux sont collés, ses pieds écartés de part et d'autre de la chaise, ses mains posées sur ses genoux. Elles tremblent. Il triture nerveusement les longues et fines articulations de ses doigts. Son dos ne touche pas le dossier, comme s'il était assis sur un tabouret.

— Comment tu t'appelles ?

— Niakaté.

Il marque une pause et me regarde pour la première fois.

— Souley.

Papier

Souley ne comprend pas tout ce que la fille lui explique. Son corps agité de tremblements et son estomac affamé ne l'aident pas à se concentrer. Il a passé plusieurs heures dans la rue avant de trouver ce bureau. Heureusement, au final, une dame l'a emmené à une association qui lui a donné l'adresse. Et maintenant il est dans ce bureau, en face de cette fille, le cœur qui fait du tambour, l'estomac qui crie et le corps entier qui vibre.

Il lui donne son nom, son âge, lui montre son papier qu'il a détaché du morceau de sac plastique retenu par un élastique. La fille regarde et photocopie le papier, elle le repose sur le bureau à côté de sa tasse pleine de café et Souley a peur que le café se renverse. Il se dit qu'elle pourrait faire plus attention. Il pense qu'elle ne sait pas que ce papier a été caché dans une fente de ceinture, qu'il est passé dans les mains des rebelles, qu'il a été à nouveau dissimulé, dans un tube de dentifrice cette fois, qu'il a failli couler dans l'eau et qu'il a encore été caché, Souley ne dira jamais comment, quand il était dans le centre d'accueil en Italie. Il se dit aussi que ce n'est pas très bon de boire du café à cette heure-ci et que la fille doit être fatiguée. Il trouve qu'elle a l'air énervé, ou préoccupé, il ne sait pas trop.

La fille écrit sur plusieurs documents, elle lui explique des choses, il y a le département qui doit vérifier son âge, il devra répondre à plein de questions demain, puis il y aura une réponse dans quelques semaines et alors si c'est oui il pourra aller à l'école. Aller à l'école. Quand elle a dit ces mots, Souley a tout oublié, il a claqué la porte au nez du froid et de la faim. Il a souri et la fille a souri aussi. Elle avait l'air moins énervé.

Mais la fille a dit d'autres mots que Souley ne pourra pas oublier. Elle a dit qu'elle n'avait pas d'endroit où le faire dormir. Alors le froid et la faim ont ricané. Souley et la fille, eux, ne souriaient plus.

Loterie

Je crée son dossier, photocopie ses documents et consulte l'agenda pour voir à quel moment je peux fixer son rendez-vous. Il a de la chance, en ce moment les délais sont plutôt courts. J'ai une place pour un rendez-vous demain. Souley a l'air de bien comprendre le français, je n'ai pas besoin d'appeler un interprète. Je lui explique :

— Souley, demain tu devras revenir ici pour ton rendez-vous d'évaluation. On va te poser beaucoup de questions sur ta famille, ta vie au Mali, pourquoi tu es parti, ton voyage, et tes projets ici. On va écrire tout ce que tu nous dis et envoyer ça au département avec la copie de ton document d'identité. Le département, si tu veux, c'est comme le gouvernement mais à l'échelle locale. Le chef au département doit savoir si tu es vraiment un mineur isolé étranger, c'est-à-dire si tu as moins de dix-huit ans et si tu es tout seul en France. Tu as de la famille ici ?

— Non, je suis tout seul.

— Ok. Mais le département a besoin de vérifier tout ça. Pour ça, il a besoin de connaître ton histoire, c'est pour ça qu'on te posera toutes ces questions demain. Si le département a un doute sur ton document, il demandera peut-être à la police de contrôler ton papier, mais ça on en rediscutera demain. Tu me comprends bien ou tu veux que j'explique plus doucement ?

— Je comprends.

— Ok. Quelques semaines après ton rendez-vous, le département nous enverra un courrier ici avec une réponse. Si c'est oui, c'est-à-dire que tu es reconnu mineur isolé étranger, tu seras placé dans un foyer et tu pourras aller à l'école.

Je m'arrête un instant de parler car ma dernière phrase a décroché un sourire, inattendu, sur le visage de Souley. Sans m'en rendre compte, en miroir, je crois que je souris aussi. Je reprends avec plus de gravité :

— Si c'est non, tu pourras aller voir un avocat pour dire que tu n'es pas d'accord avec cette décision.

— D'accord, madame.

— Est-ce que tu as des questions ?

— Oui.

— Je t'écoute.

— Je vais aller où maintenant ?

— Malheureusement je n'ai aucune place disponible aujourd'hui pour te faire dormir, je suis désolée.

— S'il vous plaît, madame, j'ai pas où aller.

Je repense à Alfonso, dans sa chambre. Alfonso est en sécurité ce soir car j'ai eu peur de le laisser dans les bras d'un taré, trafiquant d'enfants ou pédophile. J'ai donc fait bouger les lignes de la procédure normale pour lui proposer une chambre, alors qu'il était déjà hébergé chez une tierce personne. Je suis rassurée qu'Alfonso dorme dans notre structure ce soir, certes. Mais l'hébergement d'Alfonso a un effet boomerang. Il n'y a plus de chambre de libre pour Souley. Si Souley était arrivé trente minutes plus tôt, il dormait ici et Alfonso chez le potentiel pédophile. Mais il est arrivé trop tard. Alors Alfonso, arrivé le premier, est installé dans la seule chambre libre qu'il restait. Et Souley va dormir dans la rue. Cruelle loterie.

— Je ne peux pas, Souley. Toutes les chambres sont prises. Pour te faire dormir toi, il faudrait que je mette quelqu'un dehors. Tu comprends que ce n'est pas possible ?

— Alors je peux dormir là dans le couloir ?

— C'est interdit. Si j'avais une solution, je te la donnerais. Je n'en ai pas, je suis désolée. Par contre, je vois que tu as froid, et pour ça je peux faire quelque chose, viens avec moi.

Je lui donne un pull et à manger. Normalement je n'ai même pas le droit de lui offrir un vêtement, ils sont destinés aux jeunes hébergés chez nous. Pour ceux qui sont dehors, on n'a pas de budget pour du vestimentaire. Or la règle est claire : si on donne quelque chose à quelqu'un, on doit être en capacité de donner la même chose à tout le monde.

Par équité, on ne donne donc rien à personne. C'est plus simple. Mais ce n'est pas tenable. Alors, en cas d'urgence, il est toléré qu'on donne des vêtements à quelqu'un qui a froid. J'ai donc le pouvoir d'estimer qu'une personne en face de moi n'a pas assez froid pour avoir un pull. Ou qu'au contraire c'est une urgence et qu'elle mérite donc un pull.

Je donne un pull à Souley. Pourquoi lui et pas un autre ? Je ne sais pas. Il me dit merci et j'ai honte qu'il me dise merci car je sais, mais lui ne le sait pas, qu'il aurait pu y avoir une chambre pour lui ce soir si je n'avais pas eu peur de Ricardo. Peut-être qu'Alfonso n'était pas en danger, finalement. Je ne le saurai jamais. J'ouvre la porte sur la nuit et laisse Souley s'y enfoncer.

Je fais la vaisselle des tasses de thé et de café du jour, trop nombreuses, j'éteins l'ordinateur, ferme les rideaux, range la chaise sous le bureau et les classeurs dans l'étagère, remonte le col de mon blouson, enfile mon bonnet. J'ouvre à nouveau la porte sur la nuit, pour moi cette fois, pour une simple traversée, du bureau à la maison. Je file dans la nuit d'un pas décidé, conséquence du froid qui me brûle. Mon cerveau est à l'arrêt, congelé, dépouillé de toute pensée.

Carton

Souley passe une partie de la soirée à marcher dans cette ville aux murs immenses et aux mille visages inconnus. C'est la première fois de sa vie qu'il ne sait pas où aller. Le regard mort et blanc des statues se pose sur ce jeune homme traînant son chagrin, un sac plastique à la main, les yeux rentrés dans le col de son nouveau pull, la mâchoire serrée par l'étau ferme de la peur.

Les yeux de Souley glissent par intermittence sur les sommets des bâtiments pour tenter d'apercevoir la pointe d'un minaret ou le dôme d'une mosquée. Mais il ne voit rien. À l'entrée d'un parc, il trouve un morceau de carton. Plus loin, un robinet. Cet endroit sera sa mosquée pour ce soir. Il se nettoie le visage, les avant-bras, le sommet de la tête, les oreilles. L'eau glaciale glissée sur ses pieds lui arrache un petit cri aigu. Il dépose le carton au pied d'un arbre dont les branches pourront le camoufler. Il avance sur le carton, pieds nus, ferme les yeux et entame sa prière. Le souvenir de ses prières dans le désert émerge dans son esprit.

Il y a huit mois, dans le désert, il était mort de peur. Il avait tout le chemin à parcourir. Mais l'adrénaline qui lui mordait le cœur à chaque pulsation le rendait furieusement vivant. Aujourd'hui, il sent toujours la peur gonfler ses veines. Mais elle est moins vivifiante. Elle lui comprime davantage le ventre. Comme les arbres et les fleurs dans la nuit autour de lui, son rêve commence déjà à perdre ses couleurs. La France est plus grise que ce qu'il avait imaginé.

Souley s'allonge sur le carton. Il ne dort pas, bien sûr. Ses yeux s'ouvrent régulièrement sur la nuit noire, tachetée des lumières dorées de la ville. Il tremble. Il se lève et marche sans savoir où aller. Le carton laissé derrière lui garde l'empreinte du corps quelques minutes, avant de se gondoler et de reprendre doucement sa forme initiale. La trace de l'humain sans sommeil qui s'est allongé là n'est déjà plus visible.

Souley marche. Longtemps. Le froid fait danser son corps sous les vêtements. Ses paupières clignent comme une ampoule sous l'effet d'un faux contact. Sa bouche marmonne des choses incompréhensibles. Ses mains se joignent régulièrement pour recevoir en leur creux un souffle de chaleur venu de la bouche, puis s'enfuient pour se réfugier sous les aisselles. Son estomac gargouille de n'avoir reçu que trois gâteaux trop secs, mais sa gorge est trop pincée pour en laisser passer davantage. Sa vessie gonflée étire la peau du bas-ventre qui en devient douloureuse. Ses genoux souffrent à certains pas de légères flexions brutales et incontrôlées. L'extrémité de ses orteils est froide et immobile. En quelques heures, le corps de Souley a pris l'odeur de la rue et de la nuit.

Enfin, au bout d'une nuit qui dure mille heures, Souley aperçoit les fragiles couleurs de l'aube derrière le gris des bâtiments. Dès que les lampadaires s'éteignent, il se rend au bureau de la fille. Elle lui a dit de venir à dix heures pour un rendez-vous. Il attend dans le couloir car il n'est que sept heures du matin. Il a peur de ce rendez-vous, des questions qui vont lui être posées. Il a peur de ne pas réussir à tout expliquer. Il a peur qu'on le prenne pour un menteur. À dix heures, ils viennent le chercher, et le cœur de Souley s'accélère. L'intensité augmente encore lorsqu'il passe la porte du bureau et s'assoit sur la chaise. En face de lui, il y a la fille d'hier et un homme qu'il ne connaît pas.

Première question

La première question lui entre dans le ventre, dure, froide, violente. Pourquoi lui parlent-ils de son père ? Ils lui demandent en quelle année a eu lieu le décès et quel âge il avait à ce moment-là. Souley n'en sait rien. Il sait juste qu'il est un peu mort, lui aussi, ce jour-là. Souley était à la boutique quand c'est arrivé. Il attendait le retour de son père, parti acheter des provisions. La voiture allait trop vite. La ceinture de sécurité était restée dormir dans les plis du siège passager. Le père de Souley a vu le camion se rapprocher, prendre soudain toute la place dans son champ de vision. Après l'impact, il y a eu un moment de flottement, presque léger, cotonneux. La voiture glissait, les pneus n'accrochaient plus le goudron, le décor tournait autour des passagers. Il y a eu comme une sensation d'ivresse. Puis le crâne du père a enfoncé le pare-brise, qui a cédé immédiatement sous la pression. Quelques instants plus tard, dans une maison, pas très loin, un téléphone a sonné. C'est arrivé il y a deux ans et pourtant cela fait deux ans que c'est arrivé hier.

Le plus dur n'avait pas été d'apprendre la nouvelle. Mais d'apercevoir l'empreinte de la douleur installée dans le regard de sa mère. Souley avait su tout de suite que jamais elle ne s'estomperait. À quelle date cela s'était passé et quel âge il avait, il ne le savait pas. Quand la douleur vous regarde à travers les yeux de votre mère, vous perdez un peu la notion du temps. C'est ça qu'il aimerait répondre à la fille d'hier et à son collègue, mais il n'ose pas.

Souley doit faire un grand effort pour puiser ces mots au fond de son ventre et les porter jusqu'à ses lèvres :

— Non, je ne connais pas la date.

— Et tu avais quel âge ? Est-ce que tu le sais ?

— Je ne sais pas.

La peur gagne en intensité dans les veines de Souley. On l'a prévenu que, s'il ne connaissait pas toutes les dates, ils pourraient croire qu'il ment, ils pourraient croire qu'il a plus de dix-sept ans et qu'il a inventé toute cette vie juste pour pouvoir être placé en foyer. Mais Souley n'y peut rien, à chaque fois qu'il pense à son père et à la douleur déposée dans les yeux de sa mère, c'est comme si ses souvenirs explosaient dans sa tête. D'un coup, il n'y a plus aucun ordre entre les choses.

Voyage

Mon stylo se bloque un instant entre mes doigts. Je le décolle de la surface de la feuille de papier et relève la tête vers Souley. Il détache son regard de mon collègue pour croiser le mien, et je crois y percevoir une pointe d'inquiétude. Les yeux de Souley sont grands et ronds, la racine de ses cils semble soulignée au khôl tant elle dessine la courbe de son regard. Son nez est méchamment cabossé, peut-être a-t-il été brisé et mal réparé. J'aperçois quelques gouttes de sueur, très fines, en bordure de ses tempes. J'esquisse un léger sourire pour tenter de le rassurer. Il ne me le rend pas et détourne le regard. Je reprends mon stylo et note :

Père : décédé/accident voiture
Date décès : inconnu/Âge de S. quand décès : inconnu

Les questions de mon collègue se poursuivent. Il interroge maintenant Souley sur sa mère.

— Qu'est-ce qu'elle fait comme travail, ta mère ?

— Elle fait rien.

Je souris. Les jeunes nous répondent toujours « Elle fait rien » quand on évoque les activités de leur mère. Ce n'est pas vrai. Les mères ne font jamais rien. C'est juste que leur activité, très souvent non déclarée et exercée au domicile ou dans un environnement très proche, n'est pas considérée comme un travail. Mais avec l'expérience, on sait comment creuser sur ce point. Mon collègue reprend :

— Est-ce que ta mère gagne de l'argent, d'une manière ou d'une autre ?

— Oui. Elle vend des condiments au marché et fait la lessive pour les gens.

Je note :

Mère : Mariam KEITA, âge inconnu, vendeuse au marché + travaux ménagers chez des particuliers.

Mon collègue demande à Souley s'il a des frères et sœurs, et je note :

Frère : Amadou NIAKATÉ, environ treize ans, travaille dans la boutique de son oncle.

Je note également :

Sœur : Hawa NIAKATÉ, date de naissance inconnue mais était plus âgée que Souley, décédée.

Je remarque que ma feuille n'est remplie qu'à la moitié d'un document A4 et que j'ai déjà inscrit à deux reprises le mot « décédé ».

Durant les dizaines de minutes qui suivent, Souley nous détaille sa vie quotidienne au Mali. Il nous explique qu'il n'a pas pu être scolarisé car il devait aider son père à l'épicerie qu'il tenait. Le jour où son père est décédé, un oncle paternel a repris la boutique. Souley a continué à y travailler. Il avait déjà dans l'idée de partir en Europe.

— Sais-tu nous dire quand tu as quitté le Mali ?

— Le mois je sais pas, ça. Mais c'était juste après le ramadan.

Ça fait déjà plus d'une heure que nous sommes avec Souley. Or le récit du voyage est souvent la partie la plus longue. Je sais déjà que mon collègue va essayer d'abréger, car les détails sur le voyage ont peu d'importance : ils ne permettent pas de prouver grand-chose sur la minorité ou l'isolement de la personne. Il s'agit juste de savoir si elle a bien voyagé par voie terrestre. Car si elle a pris l'avion, il y a peut-être une trace de son passage dans les banques de données de délivrance de visas.

— J'ai fait quatre jours au désert. Après on est arrivé à Tamanrasset.

— Ok. À Tamanrasset tu fais combien de temps ?

— Deux mois, comme ça, dans le ghetto malien.

— Tu travaillais ?

— Oui, dans les chantiers des Arabes.

— Tu gagnais combien ?

— C'est pas fixe. J'avais parfois 1 000, parfois 1 200, parfois 800 dinars par jour. Les jours où les patrons ne veulent pas de moi, je gagne rien. Je pars taper salam avec les amis.

En quelques réponses, on comprend que Souley a fait ce voyage. Il sait de quoi il parle. Il n'est pas venu en avion. Alors mon collègue abrège davantage. Un peu trop, peut-être.

— Après Tamanrasset, tu vas où ?

— On hésitait entre le Maroc et la Libye. J'étais avec un ami, il…

Souley reprend sa respiration, baisse puis relève les yeux.

— Il avait peur de l'eau.

— D'accord, mais tu choisis quoi au final ?

— Libye. On pouvait passer la frontière à pied ou en voiture. On hésitait car les prix et le danger étaient différents. Avec mon ami on a choisi de passer à pied parce que…

Mon collègue le coupe :

— Souley, tu n'as pas besoin de m'expliquer tous les détails. Au final tu es donc passé à pied ?

— Oui. On est partis de Debdeb. On a marché très longtemps, je ne peux pas dire combien de temps. Enfin, on est arrivés à Bordj. Bordj, c'est la première ville de Libye. Grâce à Dieu, on n'a pas croisé de bandits. À Bordj, on est montés en voiture. On a roulé jusqu'à Tripoli.

— Tu restes combien de temps à Tripoli ?

— La Libye, c'était très dur.

— Souley, tu restes combien de temps à Tripoli ?

— Peut-être quatre mois.

— D'accord. Et après, pour la traversée de la mer ?

— Une nuit, un jour et une autre nuit dans un petit bateau en chambre à air. Puis une journée avec le grand bateau des Italiens.

Mon collègue marque un temps d'arrêt. Je sais ce que ça veut dire. Il a dû voir un tremblement dans la mâchoire de Souley ou un peu de buée sur ses yeux. Je n'ai rien vu, j'ai la tête baissée sur ma feuille. Je ne relève pas le regard, pour ne pas forcer Souley à exposer, malgré lui, sa tristesse. Mais la question suivante de mon collègue m'informe de ce qui vient de se passer, car c'est une situation que nous avons évoquée la semaine dernière, en réunion avec le psychothérapeute qui nous aide à tenir bon dans ce travail.

On se demandait comment faire quand on sentait que le voyage avait été dur, mais qu'on ne savait pas si la personne avait envie d'en parler avec nous. Est-ce qu'il valait mieux accélérer, passer rapidement les déserts et les mers pour ne pas trop remuer les souvenirs, ou était-il préférable d'ouvrir une fenêtre d'écoute, faire un signe pour dire à notre interlocuteur que si ses fantômes avaient besoin de sortir, si envelopper ses souvenirs dans des mots l'aidait à se sentir mieux, il pouvait nous parler ? Au final, on s'était dit que la meilleure solution était de lancer une question ouverte, générale, de manière bienveillante. Si la personne veut saisir la perche, elle le fait. Sinon, elle passe à autre chose et on comprend qu'elle ne veut pas en parler. Ou en tout cas, pas avec nous. Mon collègue prend donc le temps de poser sa voix et demande :

— Comment ça s'est passé, la traversée ?

Traversée

Ils lui posent aussi des questions sur son voyage, mais Souley ne peut pas tout raconter. Il est incapable d'avouer qu'il a dormi par terre, qu'il a prié dans la rue avec un carton en guise de tapis de prière, qu'il a mangé des feuilles que même les animaux méprisent, qu'il s'est soumis à l'autorité d'hommes qui avaient oublié qu'ils étaient des Hommes. Il ne peut pas leur expliquer que c'est au cours de ce voyage qu'il a compris que sa peau était trop sombre, qu'être noir voulait dire s'asseoir par terre dans le bus, s'épuiser dans la poussière des travaux, être refusé dans les cafés et les épiceries, affronter les regards de dégoût et recevoir des cailloux à la figure. Souley ne parle pas du sang d'Abdoulaye sur le sol à Tamanrasset et sur la barre de fer à Tripoli, ni de cet homme qui a sauté et qui s'est noyé dans la grande mer, ni des yeux clos d'Abdoulaye la dernière fois qu'il l'a vu. Ses lèvres ne sont pas capables de prononcer les mots « sang » et « noyé », car alors un court-circuit se produit dans son cerveau et ses yeux se mouillent. Le mot « Abdoulaye » lui fait encore plus mal, c'est un ensemble de rasoirs qui crissent dans son ventre. Et Souley ne veut pas pleurer. Pas devant eux. De toute façon, il a compris qu'au fond son histoire ne les intéressait pas. Ils veulent juste savoir par où il est passé et combien de temps il est resté dans chaque endroit. Quand ils lui demandent comment s'est passée la traversée, la question le surprend. Il répond :

— Ça va. Il y a eu des petits problèmes.

Ils n'insistent pas. Ils savent que les petits problèmes ne sont jamais des petits problèmes, surtout lorsqu'ils font trembler les mâchoires et s'humidifier les yeux. Alors ils passent à autre chose. Ils lui expliquent que le département va analyser sa situation pour savoir s'il a vraiment dix-sept ans et s'il est vraiment tout seul ici. Souley ne comprend pas. Si ses parents étaient là avec lui, pourquoi serait-il dans ce bureau à creuser ses blessures devant des inconnus ?

Il est très fatigué quand il sort du bureau. La fille le salue rapidement en lui disant de revenir dans une dizaine de jours pour la réponse. Elle est moins gentille qu'hier. Elle se dirige vers trois policiers dans le hall. Entre eux, il y a un jeune garçon aux yeux très verts.

Les larmes font la course

Good luck

Je n'ai pas le temps de prendre une pause à la sortie de l'entretien avec Souley. Trois hommes en uniforme s'impatientent dans le hall. Ils nous conduisent un Syrien de quinze ans. Les billes vertes qui surgissent entre ses paupières dégagent quelque chose de rude et de triste à la fois. Ce gamin en a dans les pattes et dans la tête, c'est certain. Arriver entre plusieurs policiers, c'est humiliant. On croirait un bandit, alors qu'il n'est qu'un môme meurtri par les bombes chimiques qui ont été larguées sur son adolescence. En général, les policiers nous déposent le jeune, signent la décharge de responsabilité et s'en vont. Point. Mais aujourd'hui, c'est un peu différent. Les policiers s'en vont. Et l'un d'eux, après une hésitation, revient sur ses pas :

— Au fait, je voulais vous dire : il me semble que le petit a soif. Si vous pouviez lui donner quelque chose à boire…

Il se retourne vers lui, lui tapote l'épaule, lui serre la main et lui souhaite :

— *Good luck, boy.*

Barbus

Un homme frappe et entre dans le bureau.

— Oui, je peux vous aider ?

— Bin, en fait, je viens parce qu'on m'a dit de venir. Parce que je suis... euh... mineur.

— ...

— ...

Je veux bien qu'il y ait des gens qui paraissent plus âgés. Mais là, cet homme pourrait être mon père. Il me tend sa prétendue carte scolaire. Sur la photo, il a une barbe à rendre jaloux Carlos et le Père Noël réunis.

— Euh, vous avez quel âge ?

— ... Seize ans.

Il sourit, pas convaincu d'être convaincant. Ça m'autorise moi-même à sourire.

— Je vais vous le dire honnêtement, j'ai cru que vous étiez un interprète.

— Ah oui ?

— Oui.

On lui explique la procédure. Qu'il peut faire une demande de protection en tant que mineur, c'est son droit. Mais qu'il y a aussi des services pour les adultes. Il nous dit qu'il va chercher ses papiers. Il ne revient pas.

Jamais je n'en voudrais à quelqu'un qui tente le coup. Quand tu n'as pas d'endroit où dormir, quand tu sais qu'il n'y a pas de solution car tu ne t'es pas fait assez torturer pour obtenir l'asile, quand il fait froid, quand tu n'as pas trouvé une cinquantenaire en mal d'exotisme qui t'accueille chez elle en échange de tes bras. Dans toutes ces situations et dans mille autres, je comprends que certains essaient de modifier leur âge pour dormir au chaud et gagner le droit de rester en France.

Alors le jour où j'en veux à quelqu'un qui tente le coup, je change de boulot. Je me le suis promis. Ça, et aussi le jour où ça ne me fait plus rien de mettre quelqu'un dehors pour la nuit.

Papa

On accueille ensuite Youssef pour son rendez-vous. Youssef, seize ans, jogging Adidas, coupe de footballeur, cheveux décolorés à l'eau oxygénée. Look de brigand, regard dur et narquois à la fois. Il raconte tout, sourit, c'est fluide. Sauf quand on prononce le mot « Papa ». Là, instantanément, Youssef s'effondre. Ses épaules rentrent dans la table et les larmes font la course sur ses joues. Le brigand tombe.

— *Kain Mouchkil*. Il y a des problèmes.

Un voile de pudeur nous recouvre. On n'entend plus que la ventilation, qui a la prétention d'ignorer l'émotion qui s'infiltre dans tous les coins de la pièce. Pas la force de creuser davantage. On n'en saura pas plus. Pour fuir ces problèmes, Youssef a claqué la porte de la maison en Algérie, s'est enfui au Maroc, a réussi à entrer à Melilla parmi le flot des Marocains qui passent chaque jour la frontière, s'est caché sous un camion, le camion est entré dans un bateau, une journée de traversée, Youssef est en Espagne, il fait du stop, remonte en France, survit dans les squats, se bagarre un peu, vole un peu, puis se présente à nous. Il veut aller à l'école :

— La vérité, *ouallah* ! Pour que ma mère elle soit contente de moi.

Pommades

Youssef est l'ami de galère d'Ahmed, dix-sept ans, les yeux brillants. Ahmed l'idiot, qui en trois jours a dérapé. Il est arrivé chez nous un mercredi. Coup de chance pour lui, nous avions une chambre à lui proposer. C'est rare et précieux, une chambre. Il ne faut pas déraper. Mercredi :

— Hey, tu veux pas prendre moi comme petit frère, franchement ?

— J'hésite, Ahmed. Tu vas encore faire plein de bêtises.

Les bêtises d'Ahmed, c'est le vol en supermarché. Ce matin-là, il nous a été conduit par la police suite à un vol de parfum. Quand les jeunes comme Ahmed, qui n'ont pas de parents en France et ne sont pas encore placés en foyer, font quelque chose d'illégal, c'est à nous que les policiers les amènent.

— Non, mais tu sais bien pourquoi j'ai fait ça ! C'est parce que quand tu voles, t'as plus de chances d'aller au foyer !

— Oui, je sais bien.

— *Ouallah*, j'te jure, j'suis pas un voleur.

Ahmed a raison. Voler, c'est aller vers la possibilité d'un placement en foyer de la protection judiciaire de la jeunesse. Dans ces foyers, il y a toujours de la place. Dans les autres foyers, comme chez nous, on manque de places. Il faut souvent attendre dehors avant d'avoir un lit et un toit. Alors Ahmed, comme d'autres, tente le coup : il commet un petit délit, assez important pour passer devant le juge, mais pas trop grave. Il s'agit d'éviter la prison. Il faut donc trouver le bon dosage. Ahmed a échoué : un parfum, ce n'était pas suffisant. Il a été conduit chez nous. Normalement, on aurait dû le mettre dehors après le départ des policiers. Mais par un très heureux hasard, une chambre venait de se libérer. Donc quand Ahmed me dit qu'il n'est pas un voleur, je le crois.

Le lendemain, jeudi, le téléphone sonne :

— Police nationale, je vous appelle puisqu'un de vos jeunes a décidé de venir voir si nos logements étaient plus confortables que chez vous.

— Qui ça ?

— Je vous épelle son nom de famille : B-E-N...

Pas besoin d'aller plus loin. C'est Ahmed. Il m'a donc menti. Il a volé, à nouveau. Déçue, je demande confirmation à mon interlocuteur avant même qu'il n'ait le temps de m'épeler son nom en entier.

— Ahmed ? Qu'est-ce qu'il a fait ? Vol à l'étalage ?

— Non, détention de stup' !

Je souris et secoue la tête en reposant le téléphone. *J'te jure, j'suis pas un voleur.* Pas un voleur, en effet...

Le lendemain, vendredi, mon responsable nous informe qu'il faut mettre fin à son hébergement. La règle est claire, en cas de possession de drogue, c'est dehors. Je monte dans la chambre d'Ahmed. Frappe plusieurs fois. Pas de réponse. Je prends peur : il a déjà fait des tentatives de suicide. Je frappe à nouveau, plus fort.

— Ahmed, je vais ouvrir, d'accord ?

J'espère que je ne vais pas découvrir des lames ou des larmes derrière cette porte. Après une ultime hésitation, j'ouvre. Personne. Mais ses affaires sont là, il va revenir.

Il se présente trente minutes après dans le bureau. Je lui explique.

— Est-ce que tu comprends pourquoi les chefs ont décidé que tu ne pouvais plus dormir ici ?

— Oui... C'est toujours comme ça pour moi.

Il s'arrête et lève ses yeux brillants vers moi. Sa mâchoire tremble pour retenir ses larmes.

— Un jour je souris, trois ans je pleure.

Il y a un mois, en Algérie, Ahmed s'est explosé une bouteille en verre sur le ventre. Il s'est fait mal à lui-même pour oublier une autre violence, celle de son père. Alors que je l'aide à débarrasser sa chambre, il me demande s'il a le droit de prendre ses pommades pour soigner ses blessures.

— Oui, bien sûr...

Bourdons

En rentrant chez moi, encore un peu sonnée par le départ d'Ahmed, je croise une bande de jeunes dont je reconnais les têtes. Tous ont eu une réponse négative du département. Ils contestent la décision devant le juge des enfants. Celui-ci peut ordonner le placement en foyer et ainsi contredire la décision du département. Cela arrive fréquemment. Mais les délais avant une audience devant le juge des enfants sont plus longs : il faut souvent compter plusieurs mois. Alors les jeunes doivent attendre, encore. Dehors, encore.

Je m'approche pour les saluer. Naïve. Je ne pensais pas croiser autant de colère dans leur regard. Pour eux, je suis la responsable de leur malheur. Le département n'a pas de visage. Moi, j'en ai un. Ils peuvent associer la décision qui a fait tomber une partie de leur vie par terre à mon visage.

Je ne leur en veux pas. Je comprends.

Mais je m'endors ce soir avec une pince au fond du ventre et des bourdons plein la tête.

Une petite tente vert fluo

Au coin d'une rue, Souley remarque une épicerie. Les trois drapeaux peints en devanture le convainquent d'entrer : celui de la Guinée-Conakry, celui du Sénégal et surtout le sien, celui du Mali. L'alignement de ces trois bandes vert, jaune et rouge ne lui a jamais paru aussi réconfortant. Le carillon, heurté par la porte d'entrée vitrée, sonne trop fort dans la boutique apparemment vide. Souley reste figé dans l'entrée, ses yeux glissant sur les objets alignés en rayon. La boutique ne ressemble que vaguement à celle de son père, mais Souley trouve qu'elle ressemble beaucoup à celle de son père. Le réflexe de salivation humidifie sa langue. Souley a faim. Et la vue de ces denrées si familières ne fait que stimuler davantage ses papilles.

— Tu vas rester planté là longtemps, petit ? Il fait froid, hein ? Ferme-moi cette porte !

Souley n'avait même pas fait attention au grand bonhomme planqué derrière son comptoir. À son accent, son teint clair et ses traits fins, Souley identifie sans peine son interlocuteur. C'est un Peul de Guinée. Il étouffe une petite déception. Il aurait aimé voir un Malien.

— Qu'est-ce que tu veux, petit ?

Pas de réponse. Souley réalise qu'il ne sait pas ce qu'il veut. Et de toute façon il n'a pas l'ombre d'un centime dans ses poches. Il reste sans bouger un instant. Puis il se rapproche du comptoir, baisse les yeux, les relève vers l'homme, les baisse à nouveau. Il murmure :

— Tonton, il faut que tu m'aides. J'ai pas où aller.

L'homme soupire, secoue la tête, prend appui sur ses paumes pour se relever de son fauteuil trop bas et trop mou, pose ses coudes sur le comptoir et plante ses yeux dans ceux de Souley.

— Regarde-moi, petit, tu ne dois pas laisser la honte baisser ta tête. On a tous vécu ça. C'est la volonté de Dieu si tu es ici. Tu es venu quand ?

— Ça fait trois jours. Je marche tout le temps. J'arrête pas de penser, ça me rend fou. Je connais personne ici, personne. Je sais pas où partir.

— Tu es venu par l'avion ou tu as fait l'aventure ?

— L'aventure. Ça fait huit mois comme ça, j'ai quitté ma mère et mon petit frère. Ça fait huit mois que je leur parle pas. Est-ce que tu me comprends ?

— Et tu n'as personne ici ?

— Personne.

— Bon. Je vais t'amener ce soir à un endroit où il y a les Maliens qui traînent. Tu es malien, non ?

— Oui.

— Ok. Tu peux attendre ici dans l'arrière-boutique. Je vais appeler une maman pour te préparer le riz. Ce soir je t'emmène voir les Maliens.

Après son repas, à la tombée de la nuit, Souley entre dans la voiture de l'homme. Ils ne font pas plus de dix minutes en voiture. L'homme s'arrête aux abords d'un parc.

Souley aperçoit d'abord les tentes. Elles sont posées sur des palettes. Certaines sont couvertes de bâches. Devant plusieurs d'entre elles, des chaussures ou des claquettes. Il y a aussi de la nourriture : des boîtes de conserve et des packs d'eau, principalement. Quelques vêtements posés à même la toile de tente dans l'espoir qu'ils sèchent. Souley devine ensuite les hommes. Un groupe de cinq ou six personnes entourent un fût en ferraille abîmé par les flammes. Les volutes dorées du feu de bois lèchent l'obscurité et éclairent par intermittence les visages sombres et brillants des hommes assis là. Souley les entend parler mais ne parvient à identifier la langue que lorsqu'il s'approche timidement d'eux. Ils parlent bambara.

— Allez, petit, je te laisse là. Ceux-là sont là depuis longtemps, ils vont t'expliquer comment ça marche la vie des Africains en Europe. Là c'est les Maliens. Un peu plus loin par là, tu as les Camerounais. Et de l'autre côté, ceux qui parlent arabe : les Soudanais, les Tchadiens.

— Merci Tonton.

— Ne me remercie pas. Tu es comme mon fils. Je peux pas t'amener chez moi mais tu passes à la boutique quand tu veux.

Il lui tend un papier.

— C'est mon numéro de téléphone. Mon nom, c'est Thierno Oumar.

Souley fait quelques pas. Personne ne semble faire attention à lui. Il s'accroupit près du poêle. La chaleur l'enveloppe soudain. Souley ferme les yeux et lâche un petit soupir de soulagement. Cette chaleur est salvatrice.

— Si tu as froid, petit, approche-toi du feu.

Souley s'approche, intimidé. L'homme qui lui a parlé est plus âgé que lui, d'une dizaine d'années peut-être.

— Tu viens d'arriver ?

— Oui.

— Ok, bienvenue. Tu sais un peu comment ça fonctionne ici ou tu as besoin d'informations ?

— Je sais pas. J'ai fait l'entretien là-bas, au bureau des mineurs. Ils m'ont dit de revenir dans dix jours.

— T'as quel âge ?

— 17.

— Tu as ton papier ?

— Oui. Il est un peu abîmé à cause de l'eau mais on voit encore bien les écritures.

Souley sort de sa poche son papier plié, entouré d'un plastique retenu par un élastique. L'homme le déplie et le regarde.

— C'est bien. C'est le tien ?

— Oui.

— Ok, c'est mieux. Au moins t'es sûr que c'est un bon, sauf si l'employé de ta commune a mal fait son travail. Ça peut arriver. Mais là ça a l'air bon. Ça ne devrait pas être trop compliqué pour toi. Moi ça fait cinq ans que je travaille ici. J'ai tout fait : les poubelles, le vigile, le maçon. Tout. J'ai ramassé les pires merdes des Blancs sur les trottoirs. Et pourtant à chaque minute je peux être renvoyé au Mali si la police le décide. Je n'ai pas de titre de séjour, je travaille toujours avec des documents qui ne m'appartiennent pas. Mais pour toi ça va être facile comme tu as moins de dix-huit ans. Ça s'est bien passé, le rendez-vous au bureau des mineurs ?

— Je sais pas. J'attends la réponse.

— *Inch'allah,* ce sera bon pour toi. Tu as où dormir ?

— Non...

— Alors je vais te montrer l'hôtel.

L'incompréhension de Souley lui fait froncer les sourcils. *L'hôtel ?* Il suit l'homme sans poser de question. Ils s'arrêtent devant une petite tente vert fluo. Il y a un dessin dessus, et en dessous les lettres Q, U, E, C, H, U, A. Souley se demande ce que ça veut dire.

— C'est là. C'est l'hôtel parce que c'est la tente de ceux qui arrivent. Après on va voir avec les associations pour avoir une tente pour toi.

— Merci.

Souley s'endort quelques dizaines de secondes après s'être allongé. Son sommeil est entier et continu, malgré le froid. Il ne se réveille à aucun moment de la nuit, pour la première fois depuis des mois.

C'est dans l'atmosphère cotonneuse du petit matin que Souley sent des voix pénétrer dans son esprit encore encombré de son rêve. Il cligne des yeux pour prendre contact avec la réalité. À nouveau, il a rêvé d'Abdoulaye. Mais Abdoulaye était vivant dans son rêve. Les nuits précédentes, il était toujours mort.

Il sort la tête de la tente et aperçoit l'attroupement à l'origine du brouhaha qui l'a sorti de son sommeil. Une quinzaine de personnes agitées entourent un homme. Cet homme est grand et plutôt fin. Il porte un jean noir serré, surmonté par une épaisse ceinture à clous dorés qui lui tombe sur les fesses, un tee-shirt « New York » aux tons rouge et gris, et une veste de costume noire. Un casque de musique lui enserre la nuque. Une casquette aux imprimés jaguar laisse échapper de courtes dreadlocks. Il a des papiers en main. Souley s'approche. Il écoute les voix.

— L'histoire pour l'asile, combien ?

— Cent. Mais c'est une bonne histoire. Avec ça, vous rentrez direct dans un logement. Tous ceux à qui j'ai vendu une histoire sont réfugiés maintenant. Ils ont le travail, tout. Cent euros et c'est fini la galère, mes frères.

Pas de pop-corn, mais un peu d'humanité

Babel

C'est le matin. Mustafa entre dans le bureau. Il est hébergé chez nous, mais on l'entend très peu : la timidité et l'absence de compréhension du français lui font souvent baisser la tête et fuir dans sa chambre. Mais visiblement, ce matin, Mustafa a quelque chose à demander. Il cherche ses mots, mime des gestes, rougit, mouline des bras, rigole en baissant les yeux, secoue la tête et rougit à nouveau. Je mets plusieurs dizaines de secondes à me demander de quoi il peut bien vouloir parler. Puis, le déclic : j'ai compris, il veut laver son linge !

Arriver à se comprendre, c'est à chaque fois une petite victoire dans cette joyeuse tour de Babel.

Bagarre

On parle bagarre avec Soumaïla, le jeune Malien qui m'avait fait écouter du rap.

— C'est pas bien ça.

— C'est vrai. J'espère que tu ne te bagarres pas, toi.

Je dis ça comme je le dirais à n'importe quel adolescent, comme une morale un peu bidon qu'on rabâche sans y mettre vraiment de sens. Sauf que pour Soumaïla ça a justement un sens.

— Non, je bagarre jamais. Une fois j'ai vu une bagarre. La fille elle est morte à cause de la bagarre.

Voilà. Je ne sais pas vraiment quoi répondre, mais des coups résonnent à la porte et abrègent donc ma conversation avec Soumaïla. C'est Sory. Il a rendez-vous dans dix minutes avec nous et je vois déjà dans ses yeux qu'il est mort de trouille.

Entracte

Quand Sory entre dans le bureau et que je lui demande comment il va, il me répond en souriant :

— Froid, moi, un peu, un peu.

Sory porte un tee-shirt, un pantalon et des sandales. Il n'a pas d'autres vêtements. Je lui sers un thé brûlant et on s'installe au bureau, avec l'interprète en bambara et un collègue. Je commence à poser les questions.

Ça ne se passe pas très bien pour Sory. Il a du mal avec les âges, les dates. Il s'embrouille. Il ne s'est pas bien préparé à cet exercice périlleux. Sory est conscient que l'enjeu est grand, nous aussi. Il ne sait pas vraiment quoi faire de son grand corps encombrant. Son coude rebondit du bureau au dossier de sa chaise comme s'il agissait de manière totalement autonome. Le stress s'amuse à désarticuler Sory comme un pantin. L'ambiance est pesante.

Et c'est le moment que choisit le bébé de l'interprète, auparavant calé tranquillement dans son dos, pour se réveiller.

Cette petite chose insouciante n'a aucune idée de ce qui se joue en ce moment dans le bureau... Le bébé s'agite, agrippe tout ce qui est à sa portée. Sory lui tend la main. Le bébé attrape le doigt. Il se calme et sourit. Tiens, il porte le même prénom que Sory.

On a mis le film sur pause. Tous les cinq – Sory, l'interprète, le bébé, mon collègue et moi – on sourit. Il fait du bien, cet entracte.

Il n'y a pas de pop-corn, mais il y a un peu d'humanité.

Agrume goyave

Accident gastrique. Mustafa, après avoir mis son linge dans la machine, a bu le produit destiné à nettoyer le sol de sa chambre. Quelle idée aussi, de produire des petits sachets rose et jaune, contenant un liquide odeur « agrume goyave » ! Il a cru que c'était un jus de fruits.

Pote

Les policiers nous conduisent un Syrien, clairement pas mineur. C'est une technique pour aller plus vite quand on se fait arrêter sur le chemin de l'Angleterre. Quand une personne en situation irrégulière se fait contrôler, si elle se déclare mineure, elle est conduite chez nous. Et une fois chez nous, si elle ne veut pas rester, elle est totalement libre de partir. Un passage chez nous est potentiellement moins long et moins dangereux qu'une garde à vue.

Les policiers sont partis.

— *Salam aleykoum.*

Puis j'enchaîne en anglais :

— Ça va ?

— Oui, merci. Et vous ?

— Ça va, merci. Écoute, Mahmad, je ne suis pas de la police. Donc tu es libre de partir maintenant si tu veux. Tu cherches à rejoindre l'Angleterre ?

— Oui. J'ai mon frère là-bas.

— Ok. Pas de problème, tu peux filer. Et juste une question : c'est quoi ton vrai âge ?

Il prend un air faussement offusqué :

— Dix-sept !

Je lui souris, pas convaincue.

— Ok, vingt-sept.

Il se marre. On discute un peu avant qu'il ne s'en aille. Vingt-sept ans, comme moi. Il a un master, comme moi. Il a étudié à l'étranger pendant une année, comme moi. L'ingénierie chimique. Pas comme moi. Il pourrait être mon pote. Nos parcours se ressemblent. À une chose près : il s'est fait bombardé par les armes de Bachar el-Assad et de Daech. Pas moi. Je suis bretonne et il est kurde. Deux régions à fort potentiel indépendantiste, certes. Mais les volontés d'indépendance de sa région se négocient dans le bruit des balles et l'odeur de poudre.

— Ok, je dois partir maintenant. Il faut que je retrouve mes amis parce que la police nous a dispersés dans des endroits différents.

Salut à toi, Mahmad, et prends soin de toi. Il ouvre la porte sur Moohamad, un jeune homme venu chercher la décision le concernant.

Monstre ?

J'annonce une décision négative à Moohamad. Ses papiers douteux, son apparence physique de jeune adulte et son récit rocambolesque ont conduit le département à ne pas croire à sa minorité. Moohamad s'écroule, genoux au sol. Il pleure. Son corps hoquette. Il me supplie de faire quelque chose pour lui.

Et ça ne me touche pas.

— *Please, please, help me.*

Il pleure encore. Je me rends compte que je pense à autre chose en même temps. Je lui dis « allez, allez, ça va aller », sans conviction. Je l'entraîne vers la sortie, j'ai envie qu'il s'en aille rapidement.

Et quand il part, je l'oublie. Instantanément. Il n'existe plus.

Un peu plus tard, je me demande pourquoi j'ai réagi comme ça. Je crois que j'ai eu l'impression d'un jeu, d'une hypocrisie de la part de Moohamad. Il y avait un côté théâtral, presque tragi-comique. Mais est-ce légitime que cette supplique ne me touche pas ? Est-ce que ça y est, l'administration a fait de moi un monstre froid ? Sur quoi je me fonde pour juger que ces plaintes sont feintes ? Je ne sais pas. Mais je sais que certains jeunes arrivent facilement à toucher les travailleurs sociaux, et d'autres moins. Les premiers sont toujours placés en foyer plus rapidement que les seconds. Il faut avoir les yeux assez tristes pour avoir l'air crédible, mais pas trop, pour ne pas avoir l'air pitoyable.

On frappe à la porte. Le rendez-vous de quatorze heures. Je regarde son nom dans l'agenda avant d'ouvrir. Le nom me fait sourire et froncer les sourcils en même temps.

Préservatif

C'est une histoire pas très drôle qui nous est racontée. Les deux parents de l'homme qui nous la raconte sont décédés du sida. Mais on a quand même envie de sourire, car l'homme qui nous la raconte se prénomme Durex.

De deux choses l'une. Soit ses parents, se sachant contaminés, ont prénommé leur fils ainsi en espérant le protéger du virus. Soit l'homme qui est en face de nous nous fait une grosse blague : il raconte une histoire qui n'est pas la sienne et s'est inventé un nom de circonstance. À choisir, je préfère que ce soit la deuxième option.

Survivants

La fin de journée est ponctuée d'un peu de poésie. Sadiou nous raconte sa traversée de la Méditerranée :

— C'est très grand. C'est... un désert de mer.

Je me demande comment ils font, tous, pour se remettre de l'épreuve de la traversée de la Méditerranée. On est au mois d'avril. En ce moment, les naufrages s'enchaînent. Sur Internet, la presse nous abreuve d'images de bateaux en détresse. Les jeunes que j'ai en face de moi sont tous, en somme, des survivants.

Je mets fin à mes errements sur Internet : j'ai trois rapports de survivants à rédiger. Et les conditions de leur survie en France peuvent dépendre de cette rédaction. Il faut au moins que j'en boucle un avant ce soir.

Rapport

Je commence à rédiger le premier rapport. Je note :

NOM : NIAKATÉ
Prénom : Souley
Né le 17 février 1998, Kersignané, région de Kayes, Mali
Âgé à ce jour de : dix-sept ans
Langues : bambara, français, un peu d'arabe

Je détaille son document d'identité :

Extrait d'acte de naissance non légalisé, émis par le Centre d'état civil du cercle de Diema, région de Kayes, le 25 février 1998.

Puis je rédige les déclarations de Souley sur sa vie et son voyage.

Conditions de vie au pays d'origine :
Souley est né dans la commune rurale de Kersignané. Quand il est encore petit, il ne sait pas à quel âge ni à quelle date, il déménage avec ses deux parents dans la ville de Kayes. Il n'est jamais scolarisé car il doit aider son père à la boutique de celui-ci. Il vend les produits aux clients, va chercher des produits dans d'autres magasins, fait de la mise en rayon et compte l'argent en fin de journée. Il fréquente parfois l'école coranique, le soir, chez un « vieux ». Il sait compter mais n'a jamais appris à lire, bien qu'il sache reconnaître les lettres de l'alphabet.
Quand il n'est pas à la boutique, il aide sa mère à préparer les condiments qu'elle vend au marché, il s'occupe de son petit frère ou joue au football avec ses amis.
Son père décède « il y a deux ans » dans un accident de voiture, mais Souley ne sait dire à quelle date ni l'âge qu'il avait au moment du décès. Un oncle paternel, Hamidou NIAKATÉ, se remarie avec sa mère et reprend la boutique. Souley continue de travailler avec son oncle. Il gagne un peu d'argent, qu'il met de côté. Il complète ses revenus en vendant de l'eau au marché. Le but est d'économiser pour partir en Europe, car il est l'aîné de la famille et veut aider sa mère. Il connaît des gens du quartier qui sont partis et qui vivent maintenant en Europe.

Conditions du voyage :
Un jour, Souley ne sait au cours de quel mois mais il peut dire que c'était « après le ramadan », donc *a priori* autour du mois d'août, Souley quitte le Mali. Il a en poche l'argent économisé pendant deux ans et un complément donné par son oncle. Il atteint Tamanrasset, en Algérie, après quatre jours dans une voiture 4x4 conduite par les Touaregs. Il passe environ deux mois à Tamanrasset, dans le « ghetto malien ». Il travaille certains jours, comme manœuvre dans les chantiers, pour environ 800 à 1 200 dinars par jour, soit entre 6 et 10 euros. Il rejoint ensuite la Libye en passant, à pied, la frontière algéro-libyenne, entre Debdeb et Bordj. Il prend une voiture, avec des passeurs, pour Tripoli. Il reste environ quatre mois à Tripoli, dans un ghetto. Il travaille à nouveau dans les chantiers. Il paie un passeur pour embarquer, de nuit, dans un « bateau en chambre à air gris », soit *a priori* un zodiac. Après un jour et une nuit en mer, les passagers sont sauvés par un « grand bateau des Italiens », probablement les gardes-côtes. Souley est conduit dans un centre d'accueil pour migrants en Sicile, où il reste une dizaine de jours. Il est ensuite conduit dans un centre d'accueil à Rome. Il y reste quelques jours. Il décide de quitter l'Italie pour la France. Il prend le train pour Milan, Vintimille, Menton, puis Nice.

Je relis le texte. Il n'y a quasiment aucun élément dans les déclarations de Souley qui permette de confirmer son âge. Pour les élèves scolarisés, on peut essayer de savoir en quelle année ils sont entrés dans quelle classe et à quel âge, ça permet de confirmer l'âge déclaré. Mais, pour Souley, il n'y a rien. Il ne sait pas non plus dire quel âge il avait au moment de faits marquants, comme la mort de son père. Pourtant je crois à sa minorité. Il va falloir que j'appuie le rapport dans ce sens. Je note en conclusion :

Souley indique peu de dates et d'âges au moment des faits, ce qui rend difficile la mise en relation entre les déclarations et l'âge annoncé par les documents d'état civil. Cependant, il est à noter que, n'ayant jamais été scolarisé, les repères de temps sont plus difficilement mobilisables pour lui.
Lors de son arrivée, il avait faim, froid et ne portait que peu de vêtements, ce qui semble être un marqueur de son isolement sur le territoire français.
Son apparence physique comme son comportement face aux personnes adultes peuvent correspondre à l'âge qu'il déclare, dix-sept ans.

Je relis la note et l'envoie. On verra ce que le département décide.

Une rose dans la nuit claire

Air Max bis

Quelqu'un est déjà posté devant mon bureau quand j'arrive ce matin. C'est Hamza, le jeune avec ses Air Max bleues. Il est fatigué, Hamza. Et quand on est comme lui un môme habitué à la rue, la fatigue génère souvent la rage. Aujourd'hui, Hamza a la rage. Je la vois dans ses sourcils froncés, je la vois dans son regard sombre, je la vois surtout dans sa mâchoire serrée.

Ce matin, Hamza décide de ne pas bouger tant que je ne lui trouve pas un lit où dormir. Il pose ses coudes sur le bureau. Des lames aiguisées brillent dans ses yeux. J'essaie plusieurs méthodes pour le calmer : douceur, fermeté, compréhension. Rien ne fonctionne. Ça fait trente minutes qu'il est là. J'ai du travail. Je me mets donc à travailler, en me disant qu'il va peut-être se lasser. Il dort sur le bureau. Se réveille. Aiguise ses lames.

Hamza est un de ces gamins des rues de Casablanca. Ces jeunes aux yeux noircis par la vie et rougis par le haschich.

À force, ils ont du mal à y voir clair. En mal de repères, en mal de structure familiale, ils passent de la rue au Maroc à la rue en France. Ils ont souvent la tête pleine de violence, mais aussi de cette fougue juvénile qui fait que tout est possible. La loi de la rue a façonné Hamza. Mes collègues, plus expérimentés que moi, m'ont expliqué que ces gamins se promènent souvent avec une lame de rasoir, calée au-dessus des dents, entre la gencive et la lèvre. En cas d'agression, ils la sortent. Ou quand ils ont la rage.

Alors je ne suis pas très tranquille ce matin, quand Hamza me dégomme avec ses yeux acérés et fait crisser ses dents. Ma responsable, informée au téléphone, me demande d'appeler la police si Hamza refuse de partir. Je retente ma chance, articulant mes mots dans l'espoir qu'il comprenne bien :

— Hamza, si tu ne t'en vas pas, je vais devoir appeler la police. Je vais te le dire honnêtement, je n'ai pas envie. Je préférerais que tu t'en ailles seul plutôt qu'entre trois policiers.

— Appelle police.

— Tu es sûr ?

— Appelle.

Je compose le 17, pas fière de moi. Ils mettent une quinzaine de minutes à arriver. Ils sont trois. Parfois, les policiers sont très respectueux. Parfois, moins. Aujourd'hui, c'est plutôt moins.

— Alors, on veut pas partir ? Eh bien on va t'aider, nous !

— ...

— T'es d'où ? C'est quoi ton pays ?

— Maroc.

— Eh bien tu vas y retourner dans ton pays, hein ?!

Ils l'empoignent par les aisselles. Sans même lui avoir proposé de se lever de lui-même avant. Ils s'en vont dans le bruit de leurs six bottes. Les Air Max d'Hamza ne font pas de bruit car ses pieds ne touchent pas le sol, il est suspendu en l'air par les aisselles.

Bêtise

Décidément, ce matin a vraiment un goût amer. Je suis débordée, fatiguée, et le départ d'Hamza avec les policiers n'a rien arrangé. Les conditions idéales pour faire une bêtise.

Grosse bêtise, acte I, scène I. Deux acteurs malgré eux sur les planches. Un jeune, Adama, et une travailleuse sociale, moi. Le premier vient demander la décision le concernant à la deuxième. Je fouille dans le classeur, trouve ce que je crois être le bon papier. Une réponse positive ! J'annonce à Adama qu'il est pris en charge. Qu'il va être placé en foyer. On discute cinq minutes. C'est long, cinq minutes. Il a eu le temps d'y croire, d'être soulagé, peut-être même d'imaginer la suite. Il irait au lycée, il se ferait des copains, et puis il y aurait cette fille, là...

Pendant qu'on parle, un doute s'infiltre au pas de course dans mon esprit.

— Tu t'appelles comment, déjà, toi ?

— Abdramane.

Abdramane, pas Adama... Je prends conscience de l'erreur et me confonds en excuses. Je retrouve le bon document concernant Abdramane : une décision négative. Je lui explique que l'administration ne le reconnaît pas comme mineur isolé étranger.

Il aurait le droit de me faire les yeux noirs, de protester, de crier, de m'envoyer une droite, de sortir une kalachnikov ou d'essayer de me couper les oreilles avec une tronçonneuse. Je sais pas, n'importe quoi, mais un truc ! Je ne lui en aurais pas voulu. Au lieu de cela, Abdramane m'écoute, hoche la tête, sourit. Mais la déception grignote déjà allègrement ses grands yeux.

— C'est pas grave, madame.

Je me demande où il trouve la force de rester si respectueux. Je l'admire, sincèrement. Je m'excuse, sincèrement aussi. J'accompagne Abdramane à la sortie et salue Yassine dans le hall.

Mécanicien

Yassine a des yeux verts pétillants et une coupe de cheveux improbable. Il s'exprime en arabe, ses mots parviennent à nos oreilles *via* une interprète. On lui demande le métier de son frère. Dans le flot de sons qui ne sont pour moi qu'une musique sans paroles, j'entends clairement le mot « trafiquant ». Yassine prononce plusieurs phrases, il semble revenir sur quelque chose. L'interprète :

— Son frère est mécanicien.

Quatre mots pour traduire plusieurs phrases. Je sens une petite entourloupe. J'interroge l'interprète une fois Yassine parti. Elle rit :

— En fait il m'a dit que son frère vendait de la drogue. Puis il m'a dit « non, s'il te plaît, s'il te plaît, leur dis pas ça. T'as qu'à inventer un truc, dis plombier ou mécanicien, s'il te plaît ».

Le métier du frère de Yassine n'a bien évidemment aucune importance pour nous. Mais Yassine a pris peur un instant et a surtout oublié les quelques mots en langue française qui imprègnent sa langue, dont celui de « trafiquant ». J'écourte ma conversation avec l'interprète : le téléphone sonne.

Linge

— Allô ?

— Bonjour. C'est la police aux frontières. Je vous appelle à propos d'un jeune hébergé chez vous.

Mustafa, le grand timide qui voulait laver son linge, est en centre de rétention. Ses empreintes ont parlé, elles l'ont trahi froidement, elles ont révélé un secret aux policiers. Celui de sa véritable date de naissance. Mustafa a vingt ans. Pas dix-sept. Ça change tout.

On doit récupérer ses affaires dans sa chambre pour les donner au policier qui viendra les chercher. Je monte les escaliers sans entrain. Je frappe, au cas où. Réflexe idiot. Je sais qu'il n'est pas là, bien sûr. Son pantalon et son caleçon sur le radiateur sont encore humides. Ce matin, en partant, Mustafa a mis son linge à sécher. Pour qu'il soit sec au retour.

Mais Mustafa a été reconnu majeur. L'État français a décidé qu'il n'avait pas le droit de revenir dans sa chambre. Qu'il n'avait pas le droit de vérifier que ses affaires étaient sèches pour les remettre dans le placard et qu'il n'avait pas le droit de rester en France. Je place son linge dans un sac plastique.

De retour dans le bureau, je range ce sac plastique sous une étagère, derrière moi, je ne veux pas le voir. Je saisis mon téléphone et réponds au texto d'Élodie. Oui, ce soir, je viens boire un verre.

Beers and roses

À la terrasse du café, j'ai failli avaler ma bière de travers en le voyant s'approcher. Il met quelques secondes à me reconnaître. Lui non plus ne s'attendait pas à me voir ici. Moohamad. Celui qui avait pleuré et qui ne m'avait pas touchée. Il est là, avec les mêmes yeux tristes que la semaine dernière. Un bouquet de roses à la main.

Un jeune Bangladais refusé par le département, c'est un vendeur de roses de plus pour les réseaux. Moohamad aurait pu être un mineur isolé étranger, hébergé, scolarisé. Il est un vendeur ambulant, sans papiers, avec des yeux tristes et des roses rouges. Un parmi d'autres, parmi ceux qu'on voit arpenter les terrasses et les bars, parmi ceux auxquels des abrutis répondent, éclatant d'un rire gras en regardant la fille assise à la même table, « non merci, pas besoin de roses, je l'ai déjà baisée », parmi ceux qui souriront poliment tout en sachant qu'au fond vous les méprisez ou vous avez pitié, parmi ceux qui ont les yeux tristes au milieu de nos yeux brillants d'alcool et qu'on prend parfois par l'épaule, idiots, oubliant qu'eux n'ont pas vraiment le cœur à la fête.

Moohamad me tend une rose. Je dis « *no, no thank you* » et mes joues prennent rapidement la couleur de la rose.

Je déteste revoir les jeunes qui ont eu un refus du département. Car ils me forcent à ouvrir les yeux sur l'après. Ils m'obligent à regarder en face les destins qui se sont brisés dans les gonds de la porte que j'ai refermée sur eux. Je ne peux alors ni les oublier ni me faire croire que leur situation va peut-être s'améliorer. Je ne peux que constater que ça ne va pas très bien pour eux. Et qu'ils vendent des roses dans la nuit claire. Quand Moohamad me tend la rose et que ma main hésite à la saisir, c'est que quelque chose dans les épines de cette rose me dit : « Regarde, c'est un peu à cause de toi si j'en suis là. »

La réponse

Des cailloux dans la gorge

Comme des aiguilles enfoncées une à une dans ses tympans, les bips de tonalité indiquent que la liaison a été établie. Souley aurait voulu que le numéro soit erroné. Maintenant que ça sonne, il espère tomber sur le répondeur. Quand il entend la voix répondre, Souley sent ses jambes chanceler et son cœur s'accélérer. Il hésite à raccrocher. Sa main tremble. Il éloigne le téléphone de sa joue pour baisser le volume de cette voix trop douloureuse. La voix continue : « Allô ? Allô ? Qui parle ? » La voix ne sait pas que dans quelques secondes elle va se fendre, produire une gamme d'aigus qui ne peut exister que lorsqu'une mère apprend la mort de son fils. Souley réussit enfin à articuler deux mots :

— Madame Camara ?

— Oui, c'est moi.

Il respire un grand coup pour essayer de débloquer les mots qui se sont entassés comme des cailloux dans sa gorge.

— Je suis Souley.

Il marque une nouvelle pause.

— Je suis un ami de votre fils. Je vous appelle pour...

La voix coupe Souley avant la fin de sa phrase :

— Comment va mon petit ? Dis-moi comment il va mon Abdoulaye, ça fait plus d'un mois qu'il m'appelle pas !

— Madame...

Une larme silencieuse glisse sur sa joue et s'évanouit à la commissure de ses lèvres.

— Je suis désolé...

Ce soir-là, Souley ne se dirige pas vers le parc où est dressée sa tente. Il estime qu'il ne mérite pas de dormir, lui qui est encore en vie, lui qui n'a pas été avalé par la mer. Il marche toute la nuit, jusqu'à l'épuisement. Il regarde sur les murs des publicités géantes où des Blancs ont l'air heureux. Il observe les magasins restés allumés pour éclairer les produits en vente. Il frôle plusieurs personnes, pressées ou titubantes d'alcool. Dans une rue, des filles en jupes courtes crient en levant haut des verres aux contenus orange. Près d'elles, des garçons chantent en se tenant par les épaules et en se frappant des grandes claques dans le dos. Certaines claques finissent sur les fesses des filles. Il y a plusieurs personnes qui s'embrassent à pleine bouche en se touchant partout. Souley détourne les yeux. Certaines rues sont totalement vides. Il n'entend que l'écho de ses pas sur le goudron. Dans une autre rue, il fait demi-tour en apercevant des lumières bleues. Il sait que les lumières bleues n'annoncent rien de bon pour les gens comme lui.

Voilà dix jours qu'il est dehors. Dix nuits dans le ventre obscur de la ville. Mille fois la peur des hommes en bleu marine au coin des rues. Il ne pensait pas qu'on le laisserait dormir dehors, en France. Souley attend la réponse du département. Il ne comprend pas pourquoi on le prend pour un menteur. Il se répète parfois pour lui-même, pour être sûr de ne pas oublier :

— Je suis Souley Niakaté, né le 17, deuxième mois, 1998, à Kersignané, fils d'Alpha Oumar Niakaté et de Mariam Keita. Je suis Souley Niakaté, et ce n'est pas un Blanc, même s'il s'appelle « département », qui va me dire le contraire.

Il y a plus d'heures dans cette nuit-là que dans les précédentes. Le soleil le cueille au petit matin, éclairant petit à petit son visage de fantôme déformé par le manque de sommeil. Sans s'en rendre compte, Souley pousse la porte d'un parc, fait quelques mètres dans l'herbe et se laisse tomber au sol. Instantanément, il dort. Dans le rêve qui se dessine rapidement devant ses yeux clos, il y a des mères qui perdent leur fils, de l'eau salée et des voix aiguës.

Il se réveille en frissonnant, sorti de son cauchemar par les marteaux qui frappent son cerveau. Il n'a dormi que quelques dizaines de minutes. Il décide d'aller au bureau pour voir si la décision est arrivée.

Deux jeunes

Deux jeunes arrivent au même moment dans le bureau. Je leur demande leurs noms et les fais patienter dans le hall en attendant de trouver leurs dossiers. Les décisions sont arrivées pour ces deux jeunes. Une réponse positive pour l'un, négative pour l'autre. Pour l'un, le foyer, l'école, l'espoir d'avoir des papiers, le droit de vivre dignement. Pour l'autre, la rue, la galère, l'obligation de marcher les yeux au sol, le risque d'être expulsé à tout moment. Je commence par celui qui a une réponse négative, c'est plus facile dans cet ordre. Je préfère d'abord affronter la désillusion, pour ensuite me recharger les batteries avec le soulagement et l'espoir.

— Sory, tu peux venir me voir s'il te plaît ? Souley, je m'occupe de toi juste après.

Diapason

D'abord, Souley regarde le papier pendant plusieurs dizaines de secondes en laissant son regard glisser sur les mots. Il essaie d'imiter les gens qui lisent le journal dans la rue, ceux dont les yeux font des bonds quand ils arrivent au bout de la ligne. Son index se place spontanément sur le papier, il suit des mots qui n'ont aucun sens. Seuls les deux mots placés en en-tête lui sont compréhensibles : *Souley NIAKATÉ*.

Puis, enfin, Souley ose avouer à la fille qu'il ne sait pas lire. Elle prend alors le papier, qui contient la réponse du département. Si c'est oui, alors tout ira bien. Si c'est non, alors il faudra affronter, encore une fois, les figures désormais familières de la peur et de la désillusion. Le corps tout entier de Souley vibre au diapason imposé par son cœur.

Pull

Alors que je cherche les mots pour transformer de manière correcte du jargon administratif en réponse compréhensible aux oreilles du jeune en face de moi, je vois la panique faire des bonds dans son regard. Je pourrais presque entendre les battements de son cœur qui torturent probablement sa poitrine. Ses paupières clignent trop rapidement, je ne sais pas si c'est dû au manque de sommeil ou à la difficulté à se concentrer sur ce que je vais dire.

C'est en voyant son pull bleu marine aux couleurs délavées que je l'ai reconnu. C'est le pull que je lui avais donné le premier jour où l'on s'était vus, il y a une ou deux semaines, ce jour où il était arrivé dans le bureau avec son tee-shirt de supermarché italien. Je me souviens aussi avoir rédigé son rapport, mais j'avoue ne pas me rappeler son contenu. Une odeur piquante émane de son corps. L'odeur singulière des gens qui survivent dans la rue, celle qui trahit les nuits et les jours passés dans les mêmes vêtements, celle qui enveloppe d'un froid manteau de honte ceux qui la transportent malgré eux. Je suis sincèrement soulagée de ne pas avoir à lui annoncer une mauvaise nouvelle.

— Souley, ce papier est écrit par le département, il t'est adressé. Il est écrit plusieurs choses importantes que je vais t'expliquer.

Oui

La fille a dit les mots « département », « oui », « école », « foyer » mais Souley ne sait plus dans quel ordre. Elle a dit aussi « mineur isolé étranger » et Souley a compris que maintenant c'est ce qu'il était : un mineur isolé étranger. Son cœur s'est calmé doucement. La fille a demandé s'il avait bien compris et Souley a répondu que oui. Elle a demandé s'il avait des questions. Il en avait des dizaines, mais il a répondu que non. Il a dit merci à la fille et elle a dit qu'il n'avait pas à la remercier car c'était son travail et qu'en plus ce n'était pas elle qui avait pris cette décision. Elle ne faisait que donner le papier. Souley a compris mais il a quand même prononcé trois autres merci.

Souley a aussi compris qu'il pourrait appeler sa mère car, enfin, il avait quelque chose de réconfortant à lui dire. Pour elle non plus il ne va pas prononcer les mots « sang » et « noyé », car il a peur de sentir la douleur dans son regard, même à travers le téléphone.

Sur la chaise de la chambre-salon, le portable vibrera de la même manière que d'habitude. La mère ne saura pas qu'à l'autre bout du fil se trouve un garçon dévoré par la trouille et l'excitation. Son garçon. C'est quand elle verra les premiers chiffres briller sur l'écran qu'elle comprendra. +33. Un appel de France.

Au foyer

Téléphone

Le souvenir de cet appel se dessine dans l'esprit de Souley, l'obligeant à lever son stylo du cahier. Ses zygomatiques s'étirent. Il se retrouve à sourire dans le vide, l'air un peu idiot. Ça fait trois mois déjà qu'il a appelé sa mère. Directement en sortant du bureau de la fille. Il est retourné à la boutique de Thierno Oumar. Quand il a poussé la porte vitrée et que le carillon a sonné, Souley n'a rien eu besoin de dire. Thierno Oumar a su tout de suite quand il a vu le sourire de Souley et les gouttes de transpiration perler au sommet de son front.

— Tiens, petit, prends ce téléphone et appelle ta maman.

— Merci Tonton.

Cette fois le téléphone ne lui déchirait pas les oreilles. Il n'avait pas peur des tonalités. Au quatrième bip, le sourcil de Souley s'est légèrement froncé d'inquiétude : est-ce qu'elle allait répondre ?

— Allô ? C'est qui ? C'est toi mon enfant ?

— Oui Maman.

Il s'est arrêté de parler, a pris une forte inspiration et libéré les mots suivants en souriant.

— Je vais bien, Maman.

Dans la voix de sa mère, Souley a entendu le son de l'espoir. Il était faible, fragile, à peine un murmure camouflé derrière le son aigu de la peur. Mais Souley l'a entendu, il en est sûr. Alors il va s'acharner à l'entretenir avec force, pour qu'un jour cet espoir soit assez solide pour déloger la douleur qui habite le regard de sa mère.

Stylos

Souley referme ce souvenir et se concentre à nouveau sur son cahier. Le sourire se fond en une moue crispée par la concentration. Sa main tremblotante laisse beaucoup d'autonomie au stylo. Celui-ci s'évade gaiement au nord et au sud de la ligne directrice imposée par le cahier d'écriture. Souley ne se laisse pas faire. Il exige à son index d'appuyer plus fermement pour tendre un piège au prétentieux stylo et le bloquer contre son pouce. Il n'entend plus aucun son, il n'a plus conscience des êtres humains qui partagent cet espace avec lui. Pour la première fois, il apprend à écrire. Peu à peu, le stylo se fait plus docile, il suit davantage les lignes et les courbes que la main lui demande de recopier. Souley sent la chaleur de la fierté se diffuser dans tout son corps.

Dans la salle de classe, douze jeunes garçons et filles sont penchés sur leur cahier avec la même détermination que Souley. Les graphies trahissent les milieux sociaux. Certaines, rondes ou obliques, glissent sur le cahier de manière très assurée et ne sont contaminées par aucune faute d'orthographe. Les stylos dansent dans des mains expérimentées.

D'autres, comme celle de Souley, sont extrêmement malhabiles : les lettres ne s'écrivent qu'en majuscules et souffrent de disproportion, de déviation de leurs axes, de traits ou de points parasites, de ratures grossières. Les lignes sont courbes et les courbes sont lignes. Les stylos sont maladroitement tenus au poing, s'échappent régulièrement des doigts.

Mais qu'importe leur origine sociale, tous ces jeunes ont des blessures à panser. Des plaies qui ont déchiré leur peau mais aussi leurs souvenirs, des images à vif qui ne cessent de revenir devant leurs yeux, surtout la nuit, surtout quand ils sont seuls. Alors écrire, ou apprendre à écrire, leur permet de mettre à distance ces images encombrantes. De reprendre le contrôle de leur vie, eux qui ont été baladés sans vergogne par un destin particulier, celui de ceux qui ont assez d'audace et d'inconscience pour tenter l'aventure.

Souley sait que ce sera long, difficile, il sait qu'il a tout à apprendre, il découvre un nouveau monde où il n'a pas le droit à l'erreur, jamais. Durant les derniers mois, il a ressenti des émotions à un niveau d'intensité qui lui était parfaitement inconnu : la peur qui transforme les muscles en granit, la honte qui comprime le ventre, la faim qui construit du vide dans l'ensemble du corps et aspire les couleurs de la peau, le soulagement qui fait flotter un instant l'esprit dans une mer de coton, l'espoir, mêlé avec l'envie et la force, qui concentre une énergie fulgurante, dilate les vaisseaux cardiaques, fait trembler les pupilles et serrer les poings, se bander les muscles et relever la tête.

Souley retourne au foyer en portant fièrement son sac sur le dos. Il y est depuis trois semaines. Malgré la réponse positive du département, il a dû attendre deux longs mois à la rue avant d'être placé. Mais Souley ne veut plus y penser. Il se sent bien au foyer. Sauf la nuit. Car il sait que son problème revient toujours la nuit, quand toutes les lumières du foyer se sont éteintes, quand le dernier éducateur est parti en accueillant le veilleur de nuit. Souley aime bien ces trois mots, « veilleur de nuit ». Il trouve que c'est un métier intéressant, de surveiller la nuit, car il sait comme les monstres nocturnes sont cruels.

Fantômes

Souley ne pensait pas que ça arriverait ce soir. Il est dans son lit, fatigué, de cette fatigue caractéristique des gens qui vivent en pays étranger. L'apprentissage de l'écriture a chargé de plomb ses paupières et il est prêt à se laisser emporter sans protestation par le sommeil. Et là, sans prévenir, ça vient comme une gifle, ou un coup de feu dans le dos. C'est glacial et violent. Brutalement, Souley est transféré sur le zodiac, sur l'eau agitée. Il tangue sur la nuit. Ses yeux grands ouverts voient alors à des kilomètres au large. Le plafond se transforme, il devient une masse sombre et effrayante, un écran noir composé du ciel et de la mer, mêlés entre eux, travaillant en symbiose pour déverser leur encre angoissante devant ceux qui osent encore garder les yeux ouverts. Le lit devient bateau, il tangue sous les assauts de la mer qui le frappe, elle joue à le faire pencher à droite et à gauche, à chevaucher le rebord de plastique gris, fragile limite entre le monde de la surface et la mer sans fond. Fragile limite entre la vie et la mort.

Souley sent les gouttes d'eau salée sur son visage. Son front devient humide, il sue de l'eau de mer. Une anguille froide s'insinue dans son corps, de la pointe de ses pieds au sommet de son crâne, semant sur son passage des décharges électriques violentes. Et comme toujours, il y a ces images qui apparaissent. Chacune d'elles est un coup de poing qui étourdit instantanément Souley. Il a beau ouvrir et fermer les yeux, elles sont là. Elles s'infiltrent sous les paupières pour être au plus près des rétines, pour obliger Souley à les voir. Il y a l'eau profonde, bleu marine, presque noire. Il y a les yeux d'Abdoulaye. Il y a la peur dans ses yeux. Il y a l'eau profonde dans ses yeux noirs.

Son esprit et son corps se contorsionnent jusqu'à ce que Souley arrive à s'agripper du bout des doigts à une rampe de réalité. Il entend à la fois les cris des passagers qui se noient et le ronflement léger de son voisin de chambre. Il échappe à la mer. Son corps sent le lit sur lequel il est allongé, ses yeux perçoivent le plafond. Souley connaît bien ces instants furtifs de reprise de contact avec sa conscience. Il faut saisir l'opportunité immédiatement, sinon ses angoisses le font basculer à nouveau dans le vide. Il essaie alors de contrôler le marteau qui cogne son cœur, et sa main cherche mécaniquement la petite lampe qu'il garde toujours sous l'oreiller.

Le clic de la lampe qui s'allume calme immédiatement les battements du cœur. La main invisible de ses angoisses extirpe Souley du bateau et le replace dans son lit. Il prend de profondes inspirations. Ouvre et referme les yeux pour vérifier que des fantômes ne sont pas restés cachés derrière ses paupières. Fixe le halo de la lampe au plafond. Le cercle doré qui grignote la nuit en devient hypnotisant. Puis, d'une main hésitante, il parcourt le drap sous son corps. Le drap est mouillé. D'épaisses larmes de honte diluent les rétines et roulent sur les joues. Le cercle doré au plafond se déforme sous l'eau salée. La mer a encore gagné.

Le tiroir à belles choses

Je regarde la liste de noms sur ma clef USB. Tous les rapports que j'ai rédigés ces dix-huit derniers mois. Ce ne sont pas que des documents word 97. En un clic sur ces noms, la boîte à histoires s'ouvre. Derrière chaque petit onglet se cache une histoire de rêves et de papiers. Une histoire avec son lot de souffrance et d'espoir. Avec des mensonges aussi, mais on s'en fiche. Pour chacun de ces jeunes, la vérité est parfois bien plus douloureuse que le mensonge qu'on leur a conseillé de raconter. Derrière chaque petit onglet, surtout, une décision finale. Oui ou non. Mineur ou majeur. L'école ou la rue. L'espoir de régularisation ou le centre de rétention. Pour chacun de ces noms, pour chacun de ces jeunes ou moins jeunes, j'ai contribué à orienter la décision. Pas toute seule, certes. Mais un bout de leur destin, à un moment, a tenu entre mes mains. C'est effrayant, quand on voit l'étendue de la liste.

Alors je décide d'arrêter. Avant d'être lassée, avant de devenir un monstre, avant d'oublier que ces filles et garçons ne sont que des jeunes ayant eu l'absurde ambition de survivre, de trouver mieux ailleurs, d'aider les leurs, là-bas, au bled. Je décide d'arrêter ce travail. De quitter ces jeunes qui m'ont transmis malgré eux des bribes de ce qu'ils sont. Et qui, probablement sans le savoir, ont façonné des bribes de ce que je suis.

Une semaine avant la fin de mon contrat, je vais acheter du scotch et des pinces à linge dans un bazar de mon quartier. Dans le rayon des casseroles et des tajines, je croise un jeune homme dont le visage me dit clairement quelque chose. Je sais que je l'ai vu au travail, mais impossible de me rappeler comment il s'appelle et quand c'était. Je n'oublie pas les visages, en général. En revanche, les noms, les situations et les histoires dansent la valse dans le grand placard de ma mémoire. J'ouvre souvent les portes en grand, je fais circuler de l'air frais pour laisser s'échapper les douleurs, les désillusions et les solitudes. Sinon elles roulent dans tous les tiroirs et je n'ai plus de place pour les belles choses.

Je ne sais donc plus qui est ce jeune. Lui, par contre, il sait exactement qui je suis.

— Je suis venu le 2 avril. Je vous ai trouvée là dans le bureau. Vous m'avez donné à manger et un pull. J'avais faim et il faisait froid. Je n'oublie pas.

En retournant au bureau le lendemain, j'ouvre son dossier par curiosité. C'est bien moi qui l'ai accueilli. Sur la fiche de renseignements, j'ai noté : « Aucune affaire / A faim + froid / Demande à dormir dans le couloir / Lui ai donné un pull et à manger / Orienté vers la Croix-Rouge demain. » En parcourant le dossier, je m'aperçois que c'est également moi qui lui ai annoncé la décision positive du département. Je l'avais aussi oublié.

Il s'appelle Souley. Cette fois je ne l'oublierai pas. J'ai rangé son nom dans un tiroir spécial du placard, celui des petits moments qu'on n'a pas envie de laisser s'échapper.

Dedans, il y a les larmes de joie d'Abdul quand il a su qu'il irait à l'école et qu'il était pris dans un foyer dans le Morbihan ; les grêlons qui fondent dans les mains de Jules, mi-effrayé, mi-fasciné par cette étrange et froide matière ; le retour du premier jour d'école de Jamshid, fier comme un coq de savoir compter jusqu'à dix en français – *un, deux, trois, cinq, quatre, sept, six, huit, neuf, dix* ; le sourire de la belle Fatoumata dans son haut flashy… J'y ai aussi rangé les souvenirs de ceux qui n'ont fait que passer, les Érythréens et les Syriens, avec les ressorts sur leurs têtes et leurs costumes de super-héros ; les yeux espiègles de Daniel, le Rom qui fait ramadan, et les joues roses de Yahia, l'amoureux, peut-être bientôt papa. Il y a aussi les regards des policiers bienveillants, ceux qui souhaitent *good luck* en tapotant l'épaule au lieu de saisir les mômes par les aisselles en leur disant qu'ils vont retourner dans leur pays. J'y ai également rangé le bonnet bleu schtroumpf de Soumaïla, le béret imaginaire de Mohamed Béret et les claquettes en cristal de la maman de Mamady ; la rose de Moohamad est là aussi, au fond, un peu camouflée, car ses épines me piquent encore.

Dans ce tiroir, il y a des regards et des épaules qui se relèvent, des sourires qui se déploient, des adolescents avec des montagnes sur le dos mais qui parviennent à courir, à danser, à ne plus avoir peur au moindre uniforme bleu marine croisé dans la rue, à se mettre du gel dans les cheveux pour draguer les filles et du rouge sur les lèvres pour draguer les garçons, à être pénibles et idiots comme des adolescents, à vivre au lieu de survivre.

Alors, ce tiroir à belles choses est fermé à clef, et je l'ouvre toujours avec précaution. Il ne faudrait pas que le courant d'air emporte les jolies histoires que j'y ai rangées depuis les dix-huit derniers mois. Celles qui font que je comprends ce qui m'a pris d'accepter ce travail.

Épilogue

— Pour faire le bilan, je te propose de me parler un peu de ce qui va te manquer et de ce qui ne va pas te manquer en quittant ce boulot, ça te va ?

— Oui, très bien.

— Je t'écoute.

— Alors, je commence par ce qui ne va pas me manquer, non ? Comme ça, on finit sur le positif ensuite ?

— Vas-y.

Nous sommes dans le petit bureau consacré aux rendez-vous d'évaluation avec les jeunes. En face de moi, il n'y a pas une jeune fille ou un jeune garçon stressé, mais ma cheffe. Deux cafés sur le bureau, quelques bonbons dans un bol. La boîte à mouchoirs a été reléguée sur le côté. D'habitude, elle est toujours à portée de main. Les gouttes d'eau salée échappées des yeux tristes sont fréquentes dans ce bureau. Mais aujourd'hui, pour un rendez-vous de bilan, la boîte à mouchoirs faisait un peu tache au milieu du bureau. On l'a rangée derrière. On a, en revanche, gardé les bonbons.

— Le fait de dire tous les jours aux gens qu'ils vont dormir dehors. Ça, ça ne va pas me manquer du tout. Je ne m'y suis jamais vraiment habituée. Même si je sens, et je hais cette sensation, que ça m'est beaucoup moins difficile qu'avant. Tu vois, l'autre jour, j'ai mis quelqu'un dehors sans ressentir la moindre peine pour lui. Je l'ai fait comme je serais allée acheter une baguette à la boulangerie. Moohamad, il s'appelle. Je me souviens de son prénom car je l'ai recroisé depuis. Franchement, ma non-réaction m'a fait un peu peur. On s'habitue au désespoir, il y a un moment où les douleurs des autres ne te font presque plus mal. C'est pour ça que je me suis dit qu'il ne fallait pas trop tarder à changer de travail, je crois. Avant de m'habituer parfaitement à mettre les gens dehors.

Les entretiens d'évaluation ne vont pas me manquer non plus. Voir les gens stresser, paniquer lorsqu'ils se trompent, devoir le noter avec la mention « incohérence ! » en marge, noyer les gens sous les questions, jusqu'à les pousser à se tromper. Être fatiguée d'entendre les mêmes histoires, et s'en vouloir d'être fatiguée d'entendre les mêmes histoires car ce ne sont pas, en réalité, les « mêmes histoires ». Chaque histoire, au fond, appartient à celui qui la raconte, même s'il a fallu faire des modifications dans le réel pour rentrer dans les cases de l'administration. Elle devient, dans ce contexte, sa réalité. Il l'a préparée ou non, l'a répétée ou non avant de venir. Mais la moindre des choses, vu les enjeux, c'est d'avoir en face quelqu'un qui n'est pas blasé. Je sais pas si c'est clair ?

— Oui oui, je comprends. Continue.

— En fait, je pars parce que j'ai peur de vriller si je reste trop. On est tellement dans une relation déséquilibrée, en termes de pouvoir, sur la personne qui est en face de nous. Ils jouent un bout de leur vie, et pour nous c'est juste une matinée de travail. Le mec, il vient de passer deux ans sur les routes, et on lui offre une heure d'entretien pour prouver qu'il est mineur isolé. Une heure en face de toi. Et si toi t'as pas envie, si t'es énervée, fatiguée, tu peux mal lui parler, le pousser à bout, et ensuite mettre dans le rapport : « Machin répond aux questions de manière agressive. » C'est grave.

— Mais en même temps je pense que tu ne l'as pas fait, toi, ni aucun de tes collègues...

— Je ne suis pas sûre que ce soit aussi simple. Dans un contexte où on a tout le pouvoir en main, je pense que n'importe qui peut dévier. Parfois, j'ai été mal à l'aise, face à un collègue qui titillait trop un jeune. Parfois, je me suis moi-même sentie devenir maltraitante... C'est pour ça que c'est hyper important de toujours garder deux travailleurs sociaux par entretien.

— Oui, pour nous c'est fondamental.

— Je sais que les départements n'ont plus de sous et qu'ils demandent aux associations répondant aux appels à projet de réduire les coûts au maximum. Mais le risque, c'est d'en arriver à fonctionner avec un seul travailleur social par jeune en entretien... C'est très dangereux. À deux, on s'autorégule. Si le collègue dérape, commence à être lassé ou un peu agressif, on se recadre. On en parle après, on débriefe. Il faut des garde-fous. Tout seul, tu fais ce que tu veux...

— Je sais bien. Mais bon, c'est pas le sujet. Allez, continue sur ce qui ne va pas te manquer.

— Je sens que je suis arrivée à un point où je doute beaucoup. Tu vois, tu as en face de toi une fille qui te regarde droit dans les yeux en pleurant et qui te dit : « Il faut que vous me croyiez et que vous m'aidiez. » Toi tu te bats pour elle alors que personne n'y croit, t'essaies de convaincre tes collègues et le département : « Si, je suis persuadée qu'elle est mineure, cette fille. » Et le lendemain tu apprends qu'elle a trente ans. Et là on te fait comprendre, par des petits sourires entendus, que tu es trop naïve.

Je n'en ai jamais voulu aux jeunes qui modifient leur âge. S'ils disent la vérité, ils auront une réponse négative, donc ils sont obligés de mentir. Mais je sens que je glisse de plus en plus de la présomption de minorité à la présomption de majorité. Et cette présomption de majorité, je pense que c'est le cap à ne pas franchir. Il faut partir avant.

Après, je pars aussi parce que je peux. Si j'avais une famille à nourrir, un crédit ou je ne sais quel autre truc, je ne pourrais pas forcément me permettre une sortie pour des raisons éthiques. Je pars aussi parce que je ne suis pas très vieille et que j'ai des envies d'ailleurs. Tout simplement.

J'attrape un bonbon à la fraise dans le bol, ma cheffe m'imite. Le bonbon nous colle aux dents, donc on ne peut plus parler durant quelques secondes. Parfois la situation se produit avec des jeunes en entretien. Un de nous, un jeune ou un collègue, mange un bonbon et ne peut plus parler. La pause devient obligatoire. Souvent, on rigole un peu. Ça détend l'atmosphère. Je me dis que c'est pas mal, d'avoir choisi des bonbons qui collent aux dents pour ce bureau. Ma cheffe reprend :

— Et dans le positif ?

— Il y a beaucoup de positif aussi. Et c'est pour ça que la décision de partir a tout de même été difficile. Il y a le fait de venir le matin sans savoir du tout ce qui va se passer dans la journée. Il n'y a pas une seule journée comme une autre. On est souvent débordés. C'est fatigant, mais au moins tu rentres chez toi en te disant que tu as fait ce que tu as pu.

La qualité de notre équipe, aussi. Malgré le manque de temps, on trouve toujours des moments pour se parler, détricoter les situations complexes ensemble, partager nos doutes, sans tabou. On a des chefs qui gèrent : quand on ne sait pas quelle décision prendre, vous la prenez pour nous. Tout ça, c'est rare. Et c'est ce qui fait qu'on tient le coup !

Les petites choses qui ne s'écrivent pas dans les rapports mais qui sont belles : un sourire, une discussion, un jeune qui va mieux, un autre qui est placé en foyer, un autre qu'on revoit plusieurs mois après, qui parle déjà français et qui porte son cartable sur le dos. Le cartable sur le dos, oui, ça va me manquer. Il y a ceux pour qui ça se passe bien. Ils arrivent paumés, on a une chambre libre, ils se reposent, on fait l'entretien, ils ont une réponse positive et sont placés rapidement. On sent qu'ils vont mieux, qu'ils vont être bien dans leur nouveau foyer, on fait le lien avec les éducateurs du nouveau foyer. Là, on a l'impression d'avoir fait le *job*. Le pire, c'est que ça se passe rarement comme ça, alors que c'est censé être la procédure classique !

Ça va me manquer de ne plus apprendre des choses tous les jours aussi. Je ne connaissais rien à toutes ces langues, toutes ces cultures, tous ces pays. J'ai sûrement fait beaucoup de bêtises, au départ. Ici, il faut toujours apprendre à s'adapter, à comprendre, pour ne pas blesser sans le vouloir.

Je me souviens d'une gamine qui m'avait raconté son premier jour en foyer. Un éducateur lui avait dit « mange pas avec les doigts, c'est sale ». Elle était effondrée. Moi je me rappelle avoir dit quelque chose de stupide à un jeune : « Tiens, tu vas être content, il y a un autre Afghan qui vient d'arriver ! » Comme si c'était naturel qu'ils s'entendent bien en étant du même pays. L'un était pachtoune, l'autre hazara. Langue différente, religion différente, histoire extrêmement conflictuelle entre les deux peuples. Il m'avait adressé un sourire plein de compassion, touché par ma naïveté, probablement. Évidemment, on ne peut pas tout savoir, tout comprendre. Mais avec le temps on apprend à dégrossir les lignes.

Il y a aussi le fait de toujours essayer de faire ton travail au mieux, malgré tout. Car la qualité de ton travail a un impact direct sur une personne. Tu as trois dossiers en retard mais tu vas tout faire pour que le Syrien qui part à

Calais ait bien compris où se trouve le métro. Alors qu'en théorie c'est pas ton boulot. Tu dois t'occuper de ceux qui restent en France. Ceux qui partent en Angleterre, c'est pas ton problème. Mais tu lui expliques bien, tu lui écris un papier en français pour qu'il le montre aux gens dans la rue et tu lui écris « tu m'inviteras à boire le thé chez toi à Londres ? » sur Google Traduction en arabe, ça le fait sourire, tu lui serres la main, *salam aleykoum*, et il disparaît de ton bureau. Tout ça, c'est des choses qu'on va vous demander de ne plus faire, dans le contexte de restriction budgétaire. D'accord, ça fait perdre vingt minutes et ce n'est pas ton travail de faire ça. Mais c'est important. Enfin, je trouve. Même si ça paraît pas grand-chose. Ces petits moments-là vont me manquer.

La marge de manœuvre que l'on a aussi, paradoxalement, va me manquer. Alors qu'on est en quelque sorte emprisonnés dans un système qui nous demande de trier des gens, c'est nous qui sommes au bureau d'accueil de ce système. Donc le premier visage que les jeunes voient en arrivant, c'est le nôtre. Notre manière de les recevoir, ce premier jour, ce sera donc pour toujours la manière dont la France les a reçus le premier jour. Alors je me dis que si on le fait bien, si on sourit, si on explique ce qui va se passer pour eux, sans tricher, sans mentir, sans les prendre pour des abrutis, si on prend le temps de répondre aux questions correctement, leur accueil en France sera un peu moins pire. En réalité, c'est ça qu'on essaie de faire dans ce travail, je crois. Faire du bien, c'est compliqué. Alors tu fais du moins pire. Et j'ai bien aimé essayer de toujours faire ce travail de la manière la moins pire possible.

— Et il faudrait faire quoi, tu penses, pour changer ça ? Pour faire du bien au lieu du moins pire ?

— Pour moi, le système d'accueil et d'évaluation des mineurs isolés étrangers, tel qu'il est, ne fonctionne pas bien. À partir du moment où l'on sait pertinemment qu'il est impossible de connaître l'âge de quelqu'un, arrêtons d'essayer de le faire sur des critères absurdes. Par contre, il faut retravailler l'accueil des adultes. Aucun adulte n'essaiera de se faire passer pour un mineur s'il a d'autres solutions. Tu te rappelles, les trois Camerounais ? Ceux qui avaient au moins trente ans ? Le département leur a donné une réponse positive, leurs passeports étaient impeccables. Mais j'étais mal pour eux quand je les ai vus partir au foyer. Ils faisaient tous les trois plus d'un mètre quatre-vingts, carrures immenses, cicatrices partout depuis leurs deux années sur les routes. Et dans la main, chacun avait un papier où il était écrit que la sécurité et la moralité de cet enfant étaient menacées, donc qu'il fallait le placer en foyer. Ils allaient se retrouver à dormir dans des lits superposés, dans des chambres dont la porte est ornée d'un lapin rose, avec extinction des feux à 21 h 30. C'est absurde.

Pour bien faire et arrêter de faire moins pire, il faut construire la possibilité d'offrir un meilleur choix à ces personnes qui n'en ont pas d'autre que de chercher à diminuer leur âge. Et sur ce point il y a du boulot…

Si les adultes font naturellement d'autres choix, car ils seront meilleurs, alors il n'y aura plus que les mineurs pour demander un placement en foyer. Puisque ce sera adapté pour eux. Pour eux, ce sera le meilleur choix. Et à ce moment-là, on pourra accueillir correctement les mineurs en se libérant de cette présomption de majorité constante… Mais bon, ça implique de repenser totalement les politiques d'accueil, et ça, c'est pas gagné.

Voilà, je crois que j'ai tout dit. Honnêtement, je tire beaucoup de choses positives de cette expérience. J'ai grandi, professionnellement et humainement. Et même si ce n'était pas un boulot facile, je repars avec plein de belles histoires dans mes bagages.

Je me sers un troisième café. Il est seulement onze heures. Les journées exceptionnelles, je bois toujours beaucoup trop de café. Après l'entretien avec ma cheffe, je traverse les couloirs d'un pas pressé, à de multiples reprises, comme s'il fallait que je fasse des choses dans chaque pièce aujourd'hui. J'ai mis des talons, ça fait du bruit. Je range des dossiers, je vide mon casier, souris en y retrouvant un dessin – une fleur dans un cœur avec marqué Ahmad –, enregistre quelques documents sur ma clef USB pour un projet de bouquin que j'ai – l'idée serait de raconter des anecdotes de bureau, j'ai commencé à écrire rapidement et fait lire quelques pages à deux ou trois amis –, je bois un quatrième café, fais un petit discours aux collègues, mi-sincère mi-gêné, salue une interprète que j'aime bien – elle me dit « je voulais te dire, tu es trop... *mashallah*, comme on dit chez nous », alors je l'aime vraiment bien –, je dis au revoir à un jeune qui s'en fiche complètement et à un autre qui me dit « tu viendras me voir au foyer ? », je laisse un petit mot dans le cahier de liaison et rends mes clefs. C'était mon dernier jour.

Remerciements

Un immense merci à mes tout premiers lecteurs, famille et ami-e-s, qui m'ont encouragée à continuer à écrire. J'ai commencé à mettre des mots sur mes souvenirs un soir de décembre, chez mes parents. Ma sœur lisait dans le canapé. Elle m'a demandé : « Tu fais quoi ? » J'avais écrit quatre petites histoires sur un morceau de papier brouillon. Jamais je n'aurais cru en faire un livre.

Merci à mes responsables et collègues, avec qui on a toujours travaillé en bienveillance et intelligence.

Merci à tous les jeunes rencontrés dans ce bureau. Vous m'avez beaucoup appris.

Un merci tout particulier à Souleymane Balde, qui a pris le temps de me raconter son voyage et de relire les passages concernant celui de Souley. Je lui ai posé des questions stupides : « Tu pries comment quand tu es sur le bateau ? Comment est la peau de ton visage après la traversée du désert ? Est-ce que vous vous faites des blagues parfois, même dans les moments difficiles ? » Il a répondu sans se moquer de moi.

Merci à Clémence Leduc pour les conseils, l'amitié et les voyages.

Merci à toutes les personnes qui ont accompagné ce projet, d'une manière ou d'une autre : Julien Brachet, Bruno Clément, Margaux Collet, Élodie Darquié, Amandine Dhée, Lanwenn Huon, Sarah Jégou, Julie Kisylyczko, Stéphane Kuchar, Mohamed Lamine, Aurélien et Karel Le Berre, Gwennoline Le Cornec, Myriam Plainemaison, Maurice Sangaré, Camille Six, Maryse Urruty, Mina Yamna et les membres du jury « Brouillon d'un rêve » de la Scam.

Merci à mes parents, Armelle et Jean-Yves, et à mes grands-parents, Alain, Francis, Lisette et Marie-Thé : je sais d'où je viens, ça m'aide beaucoup à savoir où je vais.

Ce livre est dédié à tous les travailleurs sociaux. Ne lâchez rien.

Une pièce de théâtre adaptée de ce livre est en cours de création. Pour toute information, contacter la compagnie 13R3P : <hello@13r3p.com>.

Table

Avertissement 7

I **Rêves** **9**

Comme des petits cailloux gelés 11

La traversée du désert 19

Peut-être qu'ils n'ont peur de rien 30

Les souvenirs jouent des claquettes 40

La vie au ghetto 48

Les rois de l'euphémisme 56

Sas de décompression 64

Les nuits libyennes 70

Toutes les étoiles étaient venues sur le toit 76

Un bateau entre ciel et mer 84

Une envie de poser sa conscience sur le guéridon 88

Premiers pas sur le sol européen 98

Des rêves étonnants 103

Un gamin qui a vécu la guerre 110
Un peu plus de rêves et de stylos 115

II Papiers 129
Deux coups contre la porte 131
La valse des chambres 134
J'ouvre la porte sur la nuit 139
Les larmes font la course 153
Une petite tente vert fluo 159
Pas de pop-corn, mais un peu d'humanité 164
Une rose dans la nuit claire 173
La réponse 179
Au foyer 185
Le tiroir à belles choses 190

Épilogue 193

Remerciements 201

Composition Facompo, Lisieux (Calvados).
Dépôt légal du 1er tirage : janvier 2017

Achevé d'imprimer en France par EPAC Technologies

N° d'édition: 4550414309319

Dépôt légal: janvier 2017